NETWORKING É O PRINCÍPIO DO DINHEIRO

COMO FAZER CONEXÕES ESTRATÉGICAS QUE MULTIPLICAM SEU VALOR, SUA INFLUÊNCIA E SEUS RESULTADOS

DANIEL GRAMIGNA
O PAI DO NETWORKING

CITADEL
Grupo Editorial
2025

Networking é o princípio do dinheiro
1ª edição: Outubro 2025

Autor:
Daniel Gramigna

Preparação de texto:
Mari Coelho

Revisão:
Palavras dos Céus

Capa:
Studio HPraxedes

Diagramação:
Palavras dos Céus

Impressão:
Plena Print

DADOS INTERNACIONAIS DE CATALOGAÇÃO NA PUBLICAÇÃO (CIP)

Gramigna, Daniel
Networking é o princípio do dinheiro : como fazer conexões estratégicas que multiplicam seu valor, sua influência e seus resultados / Daniel Gramigna. — Porto Alegre : Citadel, 2025.
144 p.

978-65-5047-703-5

1. Redes de negócios 2. Sucesso nos negócios I. Título

25-4495 CDD 658.1

Angélica Ilacqua - Bibliotecária - CRB-8/7057

Produção editorial e distribuição:

CITADEL Grupo Editorial
contato@citadel.com.br
www.citadel.com.br

“NETWORKING VAI MUITO ALÉM DE SIMPLESMENTE FREQUENTAR EVENTOS OU TROCAR CARTÕES DE VISITA. TRATA-SE DE CONSTRUIR E NUTRIR RELACIONAMENTOS.”

- O PAI DO NETWORKING

SUMÁRIO

O PAI DO NETWORKING

PREFÁCIO

Apresentar um livro é mais do que escrever um texto. É uma forma de declarar publicamente que algo vale a pena ser lido, refletido e aplicado. Eu sou um cara que ama livros. Acredito que livros transformam realidades, mudam trajetórias e ensinam lições que nem o tempo seria capaz de ensinar sozinho. Por isso, quando decido escrever um prefácio, é porque a obra me tocou de forma profunda — seja pela sua ideia, pela prática que carrega, ou pela história de quem a escreveu. Esse é o caso deste livro.

O assunto aqui é poderoso: networking. Mas não esse networking superficial de eventos com crachás e cartões de visita. Estamos falando de conexões reais. De uma habilidade que transforma não só empresas, mas também pessoas. O networking bem-feito é um dos grandes princípios do dinheiro. Ele constrói autoridade, influencia decisões e abre portas que, sozinho, você talvez passasse a vida inteira tentando arrombar. Quando feito com estratégia e intenção, ele vira um ativo invisível que gera resultados visíveis.

Esse assunto me transformou. Como empresário, como mentor e como ser humano. Quando entendi que não basta conhecer pessoas, mas me conectar verdadeiramente com elas, tudo mudou. Comecei a enxergar cada conversa como uma ponte. Cada relacionamento como uma construção que pode gerar valor. Networking, pra mim, deixou de ser um evento e virou uma estratégia diária — uma das mais intencionais que aplico até hoje no meu negócio e na minha vida.

E nessa jornada de viver, empreender e ensinar, conheci muita gente. Muita mesmo. E uma das melhores coisas de estar no jogo dos negócios é poder cruzar com pessoas que não só fazem, mas que fazem direito. Pessoas que não estão apenas interessadas em aparecer, mas em crescer junto. Gente que você olha e pensa: "tem algo diferente aqui". E, com o tempo, você percebe que esse algo diferente tem nome: verdade, entrega, visão.

Uma dessas pessoas é o Daniel. Um mentorado que virou parceiro, um empresário que virou referência e, acima de tudo, um ser humano que carrega em sua trajetória aquilo que eu mais valorizo: coerência. O Daniel entende de gente. E mais do que isso, ele vive o que ensina. Já fazia networking antes de saber o nome disso. Começou nos campeonatos de futsal, conectando talentos e criando oportunidades. E hoje ensina o Brasil como fazer isso com propósito, método e resultado.

Quem ler este livro vai aprender muito. Vai aprender como criar conexões genuínas. Vai aprender a se posicionar no mercado de forma estratégica. Vai aprender que presença é diferente de aparência. E que influência não se compra, se constrói. Vai descobrir que existe um jeito certo — e real — de transformar relacionamento em resultado, e que isso pode (e deve) ser feito com autenticidade e intenção.

Agora, vale dizer também o que este livro não é. Não é um manual de etiqueta de eventos. Não é uma coletânea de frases prontas ou fórmulas rasas de persuasão. Não é sobre colecionar contatos no celular. Este livro é sobre pessoas. É sobre posicionamento com alma, conexão com entrega e influência com responsabilidade. É sobre viver o networking como um estilo de vida — não como uma ferramenta de vaidade.

Se você chegou até aqui, meu convite é simples: leia. Mas leia com o coração aberto e a mente preparada para aplicar. Porque este conteúdo, quando colocado em prática, não gera só dinheiro. Gera presença, propósito e progresso. E no final das contas, é disso que o jogo da vida e dos negócios realmente se trata.

Joel Jota
Empresário, investidor e escritor best-seller

O PAI DO NETWORKING

O QUE O NETWORKING PODE FAZER POR VOCÊ

Já reparou como algumas pessoas parecem ter sempre as melhores oportunidades, enquanto outras lutam para encontrar um caminho? Durante muito tempo, acreditei que isso se resumia a sorte ou talento, mas percebi que existe um fator ainda mais poderoso: as conexões que construímos ao longo da vida.

Por muito tempo, achei que networking era só estar nos lugares certos, trocar contatos e manter conversas estratégicas. Mas, com o tempo, aprendi que é muito mais do que isso: networking é sobre pessoas.

Não se trata apenas de conexões momentâneas, mas de construir relações genuínas, que levam tempo para amadurecer. Relações em que aprender, ensinar e ajudar fazem parte de um ciclo natural – e cujos frutos vão muito além do financeiro.

Uma boa rede de contatos vale mais do que dinheiro, porque abre portas que nenhuma quantia pode comprar.

Muita gente encara o networking como uma estratégia para ganhos rápidos, mas seu verdadeiro valor está na troca, no crescimento compartilhado e nas oportunidades inesperadas que surgem quando você menos espera.

Este livro é um guia para você iniciar essa jornada – no digital e no presencial.

Você vai aprender a construir pontes e conexões autênticas, baseadas na confiança, na generosidade e no que realmente importa: a troca verdadeira entre pessoas.

Sei que, para muitos, dar o primeiro passo pode ser intimidador. O medo de não saber como se conectar, de parecer inexperiente ou de não ser "importante o suficiente" pode paralisar. Mas aqui vai um segredo: networking não exige perfeição, exige movimento e constância.

Se você está esperando o momento certo para começar, ele é agora.

Quem faz, aprende. Quem aprende, cresce. E quem cresce transforma sua realidade.

Não deixe a dúvida te travar.

Não espere se sentir pronto!

Vamos juntos?

“NETWORKING É UMA PONTE QUE PROPORCIONA GANHOS MÚTUOS.”

– O PAI DO NETWORKING

O PAI DO NETWORKING

CAPÍTULO 1

COMO O NETWORKING TRANSFORMOU MINHA VIDA

O PAI DO NETWORKING

INTRODUÇÃO AO NETWORKING PESSOAL

Ao fazer networking, todas as pessoas envolvidas devem se beneficiar das relações estabelecidas, pois se trata de uma ponte que proporciona ganhos mútuos. Embora algumas pessoas tenham mais facilidade do que outras, a prática se torna muito mais simples quando você compreende o que precisa fazer. E essa compreensão só é possível com um propósito bem definido.

Networking é um processo que não acontece da noite para o dia, mas o essencial é estabelecer conexões que realmente importam.

No entanto, algumas pessoas entram nesse universo com uma visão gananciosa, o que pode prejudicar a construção de conexões genuínas e respeitosas. Por isso, o primeiro passo para um bom networking é estabelecer relacionamentos baseados na confiança. Para isso, é fundamental ter uma base sólida, sustentada por relações saudáveis, tanto pessoais quanto profissionais.

Mesmo antes de entrar no mercado de trabalho, eu já vivenciava o valor das conexões — ainda que sem perceber.

Na adolescência, eu organizava torneios de futsal na minha cidade. Convidava times de diferentes bairros, e muitos deles chegavam por meio de indicações. Cada campeonato exigia articulação, conversas com comerciantes para apoio, coordenação com os jogadores e, **principalmente, a habilidade de reunir pessoas em torno de um objetivo comum.**

O que parecia apenas diversão era, na verdade, uma escola de relacionamento. Através do esporte, ampliei minha rede, criei vínculos reais e aprendi, na prática, que bons resultados nascem da união e da troca.

Foi ali, na quadra, que plantei as primeiras sementes do que mais tarde se tornaria meu diferencial: a força dos vínculos verdadeiros.

Construir confiança leva tempo, pois ela precisa ser conquistada. E, para que isso aconteça, é essencial compartilhar informações significativas sobre sua trajetória. Afinal, ninguém troca experiências profundas ou compartilha detalhes importantes com alguém que acabou de conhecer.

Uma vez estabelecida essa relação de confiança, o próximo passo é a troca de referências e contatos. **Quando você está inserido em um grupo ou criando conexões, compartilhar sua rede de contatos pode ser extremamente valioso para o outro.** Essa troca não se limita apenas a informações, mas também fortalece sua credibilidade e pode torná-lo uma referência dentro do seu meio.

Portanto, o networking é uma ferramenta poderosa para o desenvolvimento pessoal e profissional. Ele proporciona um ambiente onde você aprende, ensina e expande seu conhecimento.

Ao participar de um grupo, você amplia sua visão de mundo e fortalece sua presença no mercado.

Esse ambiente de aprendizado gera benefícios mútuos, aumentando sua visibilidade – seja como profissional, seja para sua empresa ou seu produto.

Imagine entrar em um grupo em que sua empresa é apresentada para quarenta, cinquenta ou até centenas de pessoas. Esses indivíduos passam a conhecer as soluções que você oferece, e essa troca de informações se transforma em uma estratégia de marketing, abrindo portas e oportunidades.

No ambiente corporativo, compreendi rapidamente a importância do networking. **Desde o primeiro dia, adotei estratégias que me destacariam:** investi nas melhores roupas que meu orçamento permitia, sempre mantinha um sorriso no rosto e fazia questão de cumprimentar a todos — da equipe de limpeza até a presidência. Minha dedicação era visível: era o primeiro a chegar e o último a sair. Essa postura não passou despercebida, e, graças às valiosas conexões que cultivei, fui promovido em tempo recorde.

Mais tarde, esse seria meu único emprego com carteira assinada — conquistado e desenvolvido graças ao poder das conexões. Em 2008, quando a crise econômica mundial se instalou, fui desligado do banco. Porém, enxerguei naquela situação não um fracasso, mas uma oportunidade de transformação. Decidi usar todo o conhecimento e a experiência adquiridos como gerente bancário para criar meu próprio negócio.

As conexões construídas durante aqueles anos foram fundamentais para dar os primeiros passos como empreendedor no setor de crédito consignado. Inclusive o meu sócio da época, eu conheci quando estava no banco. Por isso sempre falo, **NUNCA MENOSPREZE UMA CONVERSA.**

Após construir uma carreira sólida no mercado financeiro — primeiro no banco e depois com minha própria empresa (foram 4 anos empreendendo) — comecei a sentir que estava vivendo em uma bolha.

Minha rotina era mecânica: casa, trabalho, trabalho, casa. Por mais que o negócio fosse rentável, faltava algo. Faltava gente. Faltava energia. Faltava troca.

Foi ali que decidi fazer mais uma virada. Vendi a empresa e resolvi explorar um ramo totalmente diferente, em que eu pudesse conhecer mais pessoas, viver novas experiências e abrir espaço para conexões reais que haviam sido tão determinantes ao longo de toda a minha trajetória profissional.

Com parte do dinheiro da venda, comprei uma câmera fotográfica e comecei a frequentar festas e eventos noturnos. Registrava imagens para sites de casas noturnas e, com isso, entrei em um universo completamente novo.

Assim nasceu o Baladas BH, meu primeiro site — que, mais tarde, também acabei vendendo.

Eu não era fotógrafo profissional, nem entendia de técnica. Mas minha câmera era boa, e no modo automático ela entregava imagens de qualidade aceitável. **O que me diferenciava não era a fotografia em si — era a estratégia por trás dela.**

Criei um site para armazenar as fotos que eu tirava nas festas, algo que era inovador naquela época. Mais do que isso, integrei o site com o Facebook e comecei a promover sorteios de entradas para os eventos. **Essa simples ação viralizou.**

As pessoas acessavam o Facebook para ver as fotos, se marcavam, compartilhavam e ainda participavam das promoções. Com isso, o tráfego cresceu rapidamente — e junto dele, minha visibilidade e minha rede de contatos.

A proposta era simples e inovadora para a época: eu oferecia cobertura fotográfica com divulgação garantida. Os donos das casas percebiam que, ao ter suas festas no meu site, atrairiam mais público e visibilidade — e isso passou a me posicionar com autoridade no meio.

Meu site começou a ganhar tanto alcance que, com o tempo, nem era mais necessário oferecer meu trabalho — os donos das casas noturnas é que vinham até mim. A página se tornou referência nas festas de Belo Horizonte, e as pessoas começaram a me reconhecer nos eventos.

As pessoas que eu fotografava lembravam do meu nome, começavam a me seguir e, aos poucos, passavam a fazer parte da minha rede. Cada clique se transformava em uma conexão em potencial.

Com o crescimento da audiência, decidi dar um novo passo: vendi o site e também a página no Facebook para uma empresa. Na época, isso era algo quase inédito, e a venda foi resultado direto do valor que eu havia construído com aquela comunidade online.

Ao longo desse período, conheci muita gente, ouvi muitas histórias e comecei a perceber padrões de comportamento e desejo. Foi ouvindo as pessoas que nasceu minha próxima ideia.

Após essa venda, usei tudo o que aprendi observando o comportamento do público e, junto com um grande amigo e sócio, criei o WaveCash.

O projeto era simples, mas genial: um passaporte gastronômico que oferecia benefícios em diversos restaurantes de Belo Horizonte. Criamos um clube de vantagens acessível e cheio de valor percebido. Mas o que realmente fez a ideia decolar foi o **timing certo e o público ideal.**

Em vez de tentar vender diretamente para o consumidor final, buscamos **as comissões de formatura** — que, naquela época, estavam sempre em busca de formas criativas de levantar dinheiro para festas e eventos.

Trocamos a velha e cansativa tradição de vender rifas e brindes por algo novo: um produto útil, desejado, que gerava valor tanto para quem vendia quanto para quem comprava.

No primeiro semestre, vendemos mais de **50 mil exemplares do WaveCash.** Um verdadeiro marco. Foi com esse projeto que atingi meu primeiro milhão em faturamento.

E tudo isso nasceu da **força dos vínculos verdadeiros.**

PARA REFLETIR

Como você se sente em relação à ideia de que as conexões humanas são essenciais para o sucesso e o equilíbrio em sua vida pessoal e profissional?

Isso é algo que guia suas decisões atualmente?

Ao longo do tempo, aprendi que estar bem relacionado é fundamental — mas saber **aproveitar o momento certo e transformar conexões em soluções reais** é o que faz a diferença.

O PAI DO
NETWORKING

> "GRANDES IDEIAS NÃO DEPENDEM DE GRANDES RECURSOS. ELAS NASCEM DA ESCUTA CERTA, NO MOMENTO CERTO, COM AS PESSOAS CERTAS."

– O PAI DO NETWORKING

MINHA PRIMEIRA REUNIÃO DE NETWORKING ESTRUTURADO

Foi graças ao WaveCash que realizei minha **primeira reunião com um grupo de networking estruturado.**

Em 2017, depois de alguns convites insistentes desde o ano anterior, finalmente aceitei participar de um grupo que se reunia semanalmente, às 7h da manhã. Confesso que a insistência me deixou curioso: por que será que estavam tão determinados em me levar para aquele ambiente?

Minha mente, como a de muitos, começou a imaginar coisas: "Será que é pirâmide?", "Venda forçada?", "Algum esquema?". Mas a verdade é que só existe um jeito de descobrir algo novo: **permitindo-se viver a experiência.**

No primeiro dia, me senti completamente deslocado. Só conhecia a pessoa que me convidou e fiquei colado nela o tempo todo. Ela tentava me apresentar, mas a timidez me bloqueou.

O ambiente era formal, os participantes bem vestidos, e tudo parecia muito diferente da minha rotina. **Mas aquele sentimento era um sinal claro: eu estava saindo da minha zona de conforto — e isso, com o tempo, sempre rende bons frutos.**

Outra virada: entendi que ali era lugar de crescimento.

Comecei a observar o comportamento dos participantes. Primeiro, eles ouviam. Depois, compartilhavam suas experiências. Não era um ambiente de competição. Era um ambiente de colaboração.

Ali estavam cerca de cinquenta vendedores, todos com algo em comum: **o desejo de aprender, melhorar e gerar mais resultados.**

Meu produto — um passaporte gastronômico com ticket médio de R$ 50 — era simples de apresentar. Logo, alguns começaram a comprar, depois indicar, e em pouco tempo, o grupo me ajudava a vender.

Foi aí que entendi: o que eu fazia até então era networking intuitivo. Mas ali eu via um processo, uma estratégia. **Uma metodologia que, quando bem aplicado, gera resultados que vão muito além do financeiro.**

LIÇÕES PRÁTICAS PARA SE TORNAR REFERÊNCIA EM UM GRUPO

Aprendi rápido que, num grupo de networking, você não precisa conhecer todos — mas todos devem conhecer você.

Para isso, desenvolvi alguns hábitos simples que fizeram toda a diferença:

- **Chegar cedo:** era sempre um dos primeiros a chegar. Isso me dava tempo para conversar com mais gente e me colocar à disposição para ajudar.
- **Receber os convidados:** ser o primeiro a cumprimentar quem chega é uma forma poderosa de se tornar referência.
- **Conhecer a empresa dos membros:** durante a semana, eu me aprofundava no que cada um fazia. Isso criava conexões mais fortes e sinceras.
- **Levar convidados:** além de ser bem visto pelo grupo, cada convidado era uma chance de gerar novas oportunidades para todos.

Conexão gera confiança e confiança gera negócio!

No fim das contas, tudo se resume a um princípio básico: as coisas funcionam quando você se conecta com verdade, **sem esperar nada em troca.**

Vender é importante, claro. Mas a venda vem como consequência natural de relações bem construídas.

Quando há confiança, o "sim" é mais fácil — porque ninguém gosta de comprar de quem não conhece ou não sente segurança.

E isso vale para qualquer coisa. Comprar um brigadeiro ou contratar um advogado: ambos exigem confiança, em níveis diferentes, mas igualmente necessários.

> **"CONFIANÇA É O ATALHO MAIS DIRETO PARA O CRESCIMENTO."**
>
> – O PAI DO NETWORKING

O PAI DO NETWORKING

“SÃO AS SUAS RELAÇÕES QUE FARÃO DE VOCÊ ALGUÉM RECONHECIDO.”

– O PAI DO NETWORKING

O PAI DO NETWORKING

BENEFÍCIOS DO NETWORKING

O primeiro benefício real do networking é a expansão das oportunidades profissionais, dos aprendizados e da sua visão de mundo.

Você deve ter percebido isso na minha história: quando comprei aquela câmera fotográfica, eu não sabia nem tirar fotos. Mas conheci um fotógrafo que, sem pedir nada em troca, me ensinou tudo o que sabia.

Esse gesto simples expandiu meu conhecimento, me permitiu crescer, melhorar minhas imagens e criar o site Baladas BH.

Anos depois, tive o prazer de retribuir: contratei esse mesmo amigo para trabalhar comigo. **Esse é o ciclo da conexão verdadeira.**

Reconhecimento é o valor que os outros veem em você quando a sua contribuição foi significativa.

Quanto mais você contribui, se destaca e ajuda pessoas, mais visibilidade e credibilidade você conquista.

Visibilidade não se compra — se constrói com consistência, entrega e presença.

PRESENÇA ONLINE TAMBÉM É RELACIONAMENTO

Hoje, o Instagram é uma das principais portas de entrada para o networking moderno. Mas não se trata apenas de postar. Trata-se de se fazer presente na vida das pessoas — tanto pessoal quanto profissionalmente.

Nem todo contato precisa ser mantido. Crescer também é saber filtrar.

Manter conexões vazias é como insistir em carregar bagagens que já não te pertencem. Saber a hora de soltar também é sabedoria.

Networking é se conectar com quem já vive o que você busca. Com um bom networking, você vai desenvolver novas habilidades por meio da troca de experiências com pessoas que estão em níveis mentais superiores ao seu.

Por exemplo, se você deseja começar a empreender, faça contato com aqueles que já estão no mercado. Ao participar de eventos de networking, você consegue aumentar a sua visibilidade, principalmente se conseguir vivenciar, de forma constante, os princípios que baseiam a rede de contatos do seu grupo.

Dessa forma, o networking é um processo que envolve métodos para se conectar com pessoas e se comportar da melhor maneira em um grupo.

Mesmo que essa não seja a sua intenção principal, já que o verdadeiro retorno dessas trocas não é apenas financeiro. Por isso, você deve primeiro contribuir antes de buscar recompensas. Ou seja, doe seu tempo, dedique-se primeiro e depois pense nos seus ganhos. Isso trará resultados positivos.

Imagem é ativo estratégico.

Cuide da sua imagem desde cedo. **Sua postura hoje constrói sua reputação de amanhã.** Quando você demonstra respeito, colaboração e disposição para ajudar, as pessoas se lembrarão de você — e essa lembrança pode ser decisiva no futuro, especialmente em uma negociação.

RESERVE UM TEMPO DO SEU DIA PARA FAZER A TAREFA A SEGUIR.

Escolha alguém da sua rede de contatos que você admira e inicie uma conversa. Pode ser oferecendo ajuda, pedindo um conselho ou demonstrando interesse genuíno pelo trabalho dessa pessoa. Depois, registre como essa interação impactou a relação de vocês e quais aprendizados você tirou dessa experiência.

CHECKLIST

- Já identifiquei quais conexões no meu círculo atual podem me ajudar a crescer?
- Fiz uma análise honesta sobre como estou construindo minha rede de contatos?
- Estou me colocando em situações que favorecem a criação de novas conexões?
- Entendo que networking não é apenas sobre ganhar, mas também sobre contribuir?
- Já fiz algo nos últimos dias para ajudar alguém da minha rede sem esperar algo em troca?

O PAI DO
NETWORKING

"O NETWORKING QUE DÁ RETORNO É O QUE VOCÊ CULTIVA COM INTENÇÃO, TEMPO E PRESENÇA."

– O PAI DO NETWORKING

O PAI DO NETWORKING

CAPÍTULO 2

O CAMINHO QUE VOCÊ PRECISA PERCORRER

O PAI DO NETWORKING

A DECISÃO

O primeiro passo para começar a fazer networking, por mais óbvio que possa parecer, é tomar a decisão de fazê-lo. Hoje em dia, o networking está em alta e é um dos assuntos mais comentados entre as pessoas. No entanto, de nada adianta ouvir sobre essa importância se você não tiver consciência dos inúmeros benefícios que essa prática pode trazer à sua vida.

A vontade de fazer networking precisa vir de você.

A partir do momento em que essa decisão é tomada, as coisas começam a se tornar mais fáceis e claras. No entanto, é importante entender que, antes de se comprometer com qualquer grupo, você precisará explorar e conhecer seus membros. Ou seja, não é vantajoso escolher o primeiro grupo ou pessoa que você encontrar sem entender como ele funciona e quem realmente está envolvido.

O único caso em que você pode escolher o primeiro grupo é quando há uma identificação intuitiva clara com ele — algo que pode ser percebido pela energia do local ou pela sintonia com o ambiente. No meu caso, ao escolher o primeiro grupo para participar, senti imediatamente essa conexão. Já no segundo grupo que explorei, não houve essa mesma sensação.

Além disso, ao conversar com os membros do grupo, é fundamental fazer perguntas estratégicas que te ajudem a avaliar o impacto e os resultados que o grupo tem gerado. Não se limite a perguntar apenas sobre o que o grupo oferece, mas também sobre o que seus membros já alcançaram e como isso se reflete nas empresas ou projetos que eles representam. Ter clareza sobre as empresas representadas dentro do grupo é essencial, pois, quando interage com eles, tudo o que você faz e compartilha tem impacto direto na sua própria imagem e na sua empresa.

Esse princípio vai ajudar a garantir que você esteja se conectando com as pessoas certas, que compartilham valores semelhantes ou que podem agregar valor ao seu crescimento.

Ao realizar uma pesquisa para identificar quais empresas são relevantes dentro do grupo — aquelas que você pode ajudar ou das quais pode aprender — você poderá avaliar melhor o dinamismo da equipe e como cada membro é acolhido. Dessa forma, saberá se o grupo é ativo ou monótono.

Quando você entra em um grupo com uma grande variedade de nichos, passará a conviver com pessoas de diferentes mercados.

O networking não acontece apenas com os membros do seu grupo, mas também com sua rede de contatos, seus convidados e as pessoas conectadas a eles. É um movimento que vai escalonando.

Para isso, converse com outros membros do grupo, fazendo perguntas que te ajudem a entender como é o relacionamento entre eles. No entanto, saiba que, em todo grupo, haverá pessoas que falarão bem e outras que falarão mal. Você precisará comparar essas opiniões com suas próprias impressões iniciais para fazer uma avaliação mais equilibrada.

Lembre-se de que toda decisão é tomada com base em uma motivação. Ou seja, você tem um motivo que o levou a tomar a ação de começar a fazer networking. Esse motivo também é a razão pela qual você deve escolher qual grupo é mais adequado para você ser membro e participar.

Para descobrir o motivo pelo qual você decidiu participar de uma rede de contatos, faça um mapa mental ou use um sistema de listas. Ao longo da sua jornada, é comum agir no modo automático e acabar se esquecendo do verdadeiro motivo que te fez entrar naquele grupo de networking.

É importante que você tenha isso bem claro para, quando se sentir desanimado ou começar a seguir um caminho diferente do que deseja, poder voltar o seu olhar para todos os objetivos que te fizeram decidir participar daquele grupo.

Você pode dividir o mapa mental em áreas da sua vida e o que você busca ao participar daquele grupo. Por exemplo, você pode querer:

CONHECIMENTO

AUMENTAR FATURAMENTO

AUMENTAR DIVULGAÇÃO DA MARCA

MAIS VISIBILIDADE E RECONHECIMENTO

Quanto mais claro estiver o seu motivo, mais fácil será escolher os caminhos a seguir dentro do grupo. A minha motivação, por exemplo, é ter mais visibilidade e reconhecimento. Se a sua motivação for aprender, é importante que você mensure esse aprendizado e tenha em mente que seu objetivo vai levar um tempo para ser atingido.

INVESTIMENTO DE TEMPO E DINHEIRO

Depois de tomar a decisão, seja por motivação pessoal ou profissional, o próximo passo para encontrar uma forma de fazer networking que seja realmente benéfica para você é estruturar um planejamento. Ao se tornar membro de um grupo, será necessário investir tanto seu tempo quanto seu dinheiro.

Ou seja, você precisará dedicar tempo para conhecer e ajudar as pessoas, e os resultados só virão se esse tempo for bem aproveitado.

Não adianta tentar, em uma semana, visitar todo mundo e depois passar os próximos vinte dias sem se envolver com alguém. Além disso, o investimento financeiro também será necessário, já que você precisará promover encontros, como almoços ou cafés, e, eventualmente, presentear pessoas em eventos fora do grupo, que são promovidos por conexões com quem você se relaciona. Todos esses custos devem ser contabilizados como parte do seu investimento em networking, seja para a sua empresa ou de forma pessoal. Dessa maneira, você terá um controle claro sobre o valor investido no final de cada mês.

Quando você não tem uma verba destinada para esses gastos, pode acabar exagerando ou investindo menos do que seria necessário. Por isso, é importante mensurar os custos de maneira realista, ajustando o orçamento conforme os resultados obtidos. Se a verba estiver muito alta e os seus objetivos de aprendizado ou visibilidade não estiverem sendo alcançados, talvez seja hora de repensar esse investimento.

Somente com um planejamento adequado você poderá avaliar se vale a pena continuar investindo nesse grupo ou se é melhor migrar para outros grupos ou conexões. Muitas pessoas falham no networking porque não mensuram os resultados nem os valores que podem ser investidos. Uma das melhores maneiras de controlar o orçamento é utilizando uma planilha de controle financeiro mensal, que ajudará a manter um olhar atento sobre esses gastos.

É importante ter paciência durante o processo de networking até que os resultados financeiros comecem a aparecer.

É claro que, se você perceber que o grupo no qual está não entregou o aprendizado ou as conexões que você esperava, pode buscar outros mais alinhados com as suas motivações. No entanto, muitas pessoas cometem o erro de pular de grupo em grupo em busca de resultados financeiros imediatos, sem ter paciência para passar pelo processo. Na maioria das vezes, o problema não está no grupo, mas no fato de que essas pessoas não estão investindo tempo suficiente para obter resultados ou não conseguem ajudar os outros membros, perdendo, assim, oportunidades importantes.

Durante os eventos de networking, especialmente nos momentos de troca, como cafés ou palestras, muitas pessoas se distraem com conversas irrelevantes ou fazem piadas para passar o tempo.

O que elas esquecem é que sempre há pessoas observando o seu comportamento. Ao agir dessa forma, acabam desperdiçando oportunidades valiosas de fazer bons negócios.

Ninguém compra de quem não demonstra interesse genuíno no que os outros podem agregar ou ensinar. Da mesma forma, ninguém vai querer indicar seus negócios para outras pessoas, temendo que, ao tratar um cliente, essa pessoa tenha a mesma postura desinteressada.

“PERSISTIR EM UM GRUPO É ENTENDER QUE O PODER DO NETWORKING É CONSTRUÍDO A LONGO PRAZO. A CONEXÃO QUE VOCÊ FAZ HOJE PODE SE TRANSFORMAR EM NEGÓCIO AMANHÃ... OU DAQUI A CINCO ANOS.”

– O PAI DO NETWORKING

FERRAMENTA PARA ORGANIZAR O NETWORKING

Vou compartilhar com você uma ferramenta que me ajuda a mensurar meus passos dentro de um grupo de networking e a tomar decisões: o Trello, uma ferramenta excelente para organizar e mensurar suas ações dentro de um grupo de networking. Ao criar quadros, listas e cartões, você consegue planejar seus objetivos, registrar contatos importantes e acompanhar o progresso de cada conexão.

Quando me conecto com uma pessoa, adiciono o contato no Trello como "contato frio". A cada reunião ou interação, atualizo as informações na ferramenta, e, conforme o andamento das nossas conversas, mudo o status do contato para "morno" ou "quente".

Essa ferramenta pode ajudar a gerir seus contatos, especialmente quando você ainda não conhece bem as pessoas que adiciona. Qualquer detalhe de uma conversa pode ser útil para aprofundar a relação futuramente. O Trello também pode ser usado para classificar os grupos que você participa. Você pode listar esses grupos e atribuir notas a aspectos como engajamento, sinergia entre os membros, resultados financeiros alcançados e o número de participantes.

CHECKLIST

- Tomei a decisão consciente de investir no meu networking?
- Separei um tempo da minha agenda para participar de eventos e fortalecer minha rede?
- Defini meus objetivos com networking (exemplo: aprendizado, visibilidade, oportunidades de negócios)?
- Estou disposto a investir tempo e dinheiro de forma estratégica nesse processo?
- Já escolhi uma ferramenta para organizar minhas conexões (Trello, Notion, planilhas, etc.)?

“NEGÓCIOS, OPORTUNIDADES E CRESCIMENTO ACONTECEM ENTRE PESSOAS. O SUCESSO É CONSTRUÍDO EM CONJUNTO.”

– O PAI DO NETWORKING

O PAI DO NETWORKING

CAPÍTULO 3

DICAS DE COMO SE COMPORTAR EM GRUPOS DE NETWORKING (10Cs)

O PAI DO
NETWORKING

Você tomou a decisão de começar a fazer networking e agora já sabe quais os primeiros passos a seguir: procurar grupos e analisar o que eles podem oferecer. Neste capítulo você vai aprender a se comportar em grupos de networking, entendendo aquilo que eu chamo como a regra dos 10C's.

Ao seguir esses passos, você terá retorno dentro dos grupos onde for membro. Será conhecido, terá credibilidade, indicações, faturamento e respeito. Conheça quais são essas ações:

1. **COLABORAÇÃO**
2. **COMUNICAÇÃO**
3. **COMPROMETIMENTO**
4. **CONFIANÇA**
5. **COMPETÊNCIA**
6. **CONVIVÊNCIA**
7. **CONFIDENCIALIDADE**
8. **CORAGEM**
9. **CONSISTÊNCIA**
10. **CONEXÃO**

1. COLABORAÇÃO

Quando você se torna membro de um grupo, é necessário colaborar para o crescimento coletivo. À medida que o grupo cresce, você também cresce. Cada membro traz suas particularidades; enquanto você pode ser bom em uma área, um participante pode se destacar em outra.

Essas diferenças de habilidades individuais permitem que os membros aprendam e ensinem conforme vão se relacionando.

A colaboração é extremamente importante e pode se manifestar de diversas formas: uma ideia, uma indicação, um ensinamento, entre outras. Existem muitos caminhos para ser colaborativo; basta buscar entender as necessidades de cada pessoa e ter a disposição de ajudar com aquilo que realmente precisa.

Imagine o seguinte exemplo: você é um especialista em finanças e percebe que no grupo há uma dificuldade nessa área. Você pode criar uma situação para que aprendam diretamente com você, ou pode visitar a empresa para elaborar algo mais personalizado. Ao executar o que aprendeu com você, essa conexão vai ter mais resultado. Outro exemplo de colaboração é quando você percebe que algum membro está cometendo um erro e oferece um feedback construtivo, possibilitando que ele reflita sobre o seu erro e possa corrigir a sua rota.

Em resumo:

A colaboração dentro de um grupo é essencial para o crescimento coletivo. Quando cada membro compartilha seus conhecimentos e habilidades, todos se beneficiam e evoluem juntos.

Principais conceitos	Descrição
Troca de conhecimento	Cada membro tem habilidades diferentes e pode ensinar e aprender simultaneamente.
Diversas formas de colaborar	Desde compartilhar uma ideia até oferecer ensinamentos práticos, toda contribuição é valiosa.
Entendimento das necessidades	A colaboração eficaz ocorre quando se compreende do que o outro realmente precisa.
Feedback construtivo	Ajudar um membro a corrigir um erro fortalece a relação e impulsiona o desenvolvimento.
Crescimento coletivo	O sucesso do grupo reflete no sucesso individual de cada participante.

2. COMUNICAÇÃO

Saber se comunicar é um fator decisivo para fazer um bom networking, pois se você não souber se comunicar, não terá sucesso.

Uma comunicação ruim pode gerar mal-entendidos sérios, simplesmente porque alguém falou algo que foi interpretado de forma contrária. Outro exemplo de comunicação inviável é quando alguém aborda um assunto que não faz sentido para os demais membros do grupo; a falta de compreensão nesses casos gera antipatia e afastamento dos outros. Muita gente acha que saber se comunicar bem é só transmitir uma mensagem de forma clara.

Mas, tão importante quanto falar, é ter uma escuta ativa, ou seja, saber ouvir.

É da natureza do ser humano gostar de contar histórias e ser ouvido. Quando comecei a participar dos grupos de networking, eu era um péssimo ouvinte. Eu só me preocupava em falar de mim ou sobre o que eu sabia e não disponibilizava tempo para escutar outras pessoas.

Outro fator importante para uma boa comunicação é ter clareza ao passar uma mensagem. Muitas pessoas usam palavras difíceis durante uma conversa e esquecem que nem todo mundo possui a mesma compreensão ou expansão de vocabulário, e isso pode acarretar em falta de assunto ou distanciamento.

Quanto mais simples a comunicação, mais assertiva.

Muitos profissionais da área de marketing, por exemplo, costumam conversar utilizando em suas frases os termos: *deadline* (prazo limite para a conclusão de uma tarefa ou campanha de marketing) ou *budget* (orçamento de custos de uma campanha). São termos que quem não trabalha na área desconhece o significado e pode se sentir inseguro para dar continuidade a uma conversa sobre o assunto. Mas, se essas mesmas pessoas ouvissem "prazo final de entrega", por exemplo, além de entender, poderiam contribuir para a conversa continuar.

Na sociedade, é comum vermos pessoas zombando de alguém por cometer erros ao falar. No entanto, dentro de um grupo de contatos, essa atitude não deve ter espaço. É essencial cultivar a empatia, respeitar as diferenças e lembrar que ninguém deve ser tratado com desrespeito por suas dificuldades na linguagem.

Ao pertencer a um grupo de negócios, a comunicação deve ser alinhada de modo que seja simples e clara.

Além disso, faz parte de uma boa comunicação saber pedir e dar feedbacks. Dentro de um grupo, um feedback construtivo e assertivo é de extrema importância. Quanto mais compreensivo, empático e respeitoso você for, mais laços serão fortalecidos e, consequentemente, haverá mais retorno de aprendizado.

Um feedback faz com que você aprenda a escutar o que as outras pessoas têm a dizer que possibilite o seu crescimento. Uma pessoa que não aceita críticas, ou um posicionamento diferente do seu, está sempre argumentando contra. Mas claro que criticar sem oferecer nada construtivo não gera crescimento e sim frustração, portanto você elimina do seu convívio.

Em resumo, os principais conceitos que você precisa praticar são:

1. **Escuta ativa** – saber ouvir é tão importante quanto falar, pois cria conexões e fortalece o diálogo.
2. **Clareza na mensagem** – evitar palavras difíceis ou jargões desnecessários garante que todos compreendam o que está sendo dito.
3. **Empatia e respeito** – não julgar ou ridicularizar erros de linguagem ajuda a manter um ambiente de comunicação saudável.
4. **Uso adequado da linguagem** – adaptar a comunicação ao público evita barreiras e favorece a interação.
5. **Feedback construtivo** – saber dar e receber críticas de forma respeitosa contribui para o crescimento pessoal e profissional.

3. COMPROMETIMENTO

O comprometimento é um aspecto amplamente avaliado dentro dos grupos de networking por todos os membros. Enquanto a comunicação assertiva é uma habilidade que pode ser aprendida e aprimorada com a prática e o convívio.

O comprometimento é a marca registrada de quem realmente faz a diferença no mundo.

Duas formas claras de perceber o comprometimento de uma pessoa são por meio da sua pontualidade e presença. **Quem valoriza o tempo dos outros demonstra respeito e responsabilidade.** Se alguém está sempre atrasado para os compromissos do grupo, especialmente com atrasos significativos de trinta minutos ou mais, ou se marca um encontro e não comparece, essa atitude transmite uma imagem de descomprometimento.

Outra maneira de demonstrar comprometimento é cumprir prazos. Esse compromisso vai muito além do ambiente de networking; sempre que você estabelecer um prazo, é essencial cumpri-lo. Por isso, ao assumir um compromisso, é preferível estipular um prazo realista e entregar antes do esperado, em vez de prometer algo em um tempo muito curto e não conseguir cumprir. **Prometer pouco e entregar mais é uma estratégia que constrói credibilidade.** Eu, por exemplo, costumava definir um prazo de entrega de vinte e cinco dias para algo que sabia que poderia concluir em quinze, esforçando-me para entregar em dez. Quando você antecipa um prazo, a imagem transmitida é muito mais positiva.

Ao estabelecer um prazo, não pense apenas em rapidez; considere todos os fatores envolvidos e estipule um tempo justo. Caso ocorra um atraso, ainda assim você terá margem para cumprir o combinado.

Descumprir prazos não compromete apenas um projeto, mas também sua reputação.

Além disso, os grupos de networking frequentemente promovem ações e eventos extras que dependem da divulgação de seus membros para alcançar o sucesso. No entanto, algumas pessoas, além de não divulgarem esses eventos, evitam falar sobre eles, o que também é prejudicial. Apoiar todas as iniciativas do grupo aumenta sua visibilidade e reforça sua imagem como colaborador ativo.

O comprometimento vai além da presença: envolve participação ativa e engajamento.

Lembre-se que **quem não é visto, não é lembrado.** Se seu objetivo é conquistar mais visibilidade, é fundamental participar e se envolver nas atividades do grupo. Da mesma forma, você dificilmente faria negócios com alguém que está sempre atrasado, marca compromissos e não comparece ou promete ajudar e não cumpre, mesmo que essa pessoa tenha um excelente produto.

Demonstrar seriedade, dedicação e comprometimento gera confiança e abre portas para mais oportunidades de negócios.

Claro que imprevistos acontecem, mas quando você é comprometido, as pessoas conseguem diferenciar um caso isolado de um hábito recorrente. Evite marcar vários compromissos no mesmo dia se não puder cumpri-los, pois isso pode comprometer sua credibilidade. Seu comportamento está sendo constantemente observado e avaliado.

Lembre-se: sua reputação é construída a cada compromisso honrado.

Em resumo:

O comprometimento é um princípio essencial para destacar-se em grupos de networking, sendo demonstrado por pontualidade, presença, cumprimento de prazos e participação ativa.

1. **Cumprimento de prazos e promessas:** cumprir prazos de maneira realista e entregar antes do esperado constrói credibilidade. **Prometer pouco e entregar mais** é uma estratégia eficaz para reforçar a imagem de compromisso.
2. **Responsabilidade e respeito pelo tempo:** demonstrar seriedade ao honrar compromissos e não desperdiçar o tempo dos outros, evitando atrasos e ausências.
3. **Participação ativa e engajamento:** a participação em ações e eventos do grupo é crucial para aumentar a visibilidade e demonstrar comprometimento com os objetivos coletivos.
4. **Construção e proteção da reputação**: sua reputação é moldada por comportamentos consistentes, sendo fundamental manter um padrão de comprometimento para gerar confiança e abrir portas para novas oportunidades.
5. **Imprevistos e consistência:** embora imprevistos aconteçam, é importante manter um padrão de compromisso, para que os erros isolados não comprometam sua imagem.

4. CONFIANÇA

A confiança não se mede em porcentagem!

A confiança é um dos pilares mais importantes em qualquer relação, seja pessoal ou profissional. Ela **não se mede em porcentagens** — ou existe, ou não. Algumas pessoas conseguem conquistá-la já na primeira conversa, enquanto outras levam tempo para construir essa credibilidade. No entanto, basta **1% de dúvida** para que uma pessoa deixe de ser considerada confiável.

Imagine um relacionamento de dez anos em que, logo no início, você cometeu um erro. Hoje, seu parceiro pergunta se você foi fiel, e você se lembra de que traiu uma única vez no começo. Se responder que foi **"99% fiel"**, ele provavelmente sentirá que toda a relação foi uma mentira. **Confiança não tem margem para dúvidas. Se houve traição, seja uma ou várias vezes, a confiança foi quebrada.**

O mesmo acontece no mundo dos negócios e do networking. A confiança é conquistada e construída diariamente, mas o mais difícil — e essencial — não é apenas conquistá-la, e sim **mantê-la.**

Não é possível confiar só um pouco. Ou você confia, ou não. Da mesma forma, ou você é íntegro, ou não.

Se você quer ser visto como uma pessoa confiável, aja com **transparência e honestidade.** Nunca prometa o que não pode cumprir, não garanta algo que não conseguirá entregar e jamais minimize dificuldades apenas para, depois, admitir que a realidade era outa.

Comprometimento e seriedade são indispensáveis. Imagine um profissional que confirma presença em um evento, mas, no dia, simplesmente não aparece. Ele tira a vaga de outra pessoa, quebra a confiança dos organizadores e **deixa claro que sua palavra não tem valor.**

Infelizmente, muitas pessoas não percebem o impacto de suas ações e acabam perdendo grandes oportunidades — **inclusive financeiras.** Você certamente já conheceu alguém que **fala uma coisa para uma pessoa e algo completamente diferente para outra.**

No networking, sua reputação é a sua moeda.

Em um grupo de networking, **sua reputação está sempre sendo avaliada.** O ambiente é fechado, os membros conversam entre si e trocam impressões o tempo todo. Suas atitudes refletem diretamente na forma como os outros o enxergam.

Por isso, **faça tudo para conquistar e preservar a confiança dos seus contatos.** Uma vez que uma relação de confiança for estabelecida, suas conexões se tornarão mais fortes, abrindo portas para indicações e negócios futuros.

Lembre-se: **as pessoas indicam aqueles em quem confiam.** E confiança não se pede, se constrói.

Resumo das principais ideias:

1. **Confiança não se mede em porcentagem** – basta 1% de dúvida para que ela se perca.
2. **Não existe confiança parcial** – ou você confia, ou não.
3. **Manter a confiança é mais difícil do que conquistá-la** – mas essencial para qualquer relação.
4. **Transparência e comprometimento são indispensáveis** – promessas vazias destroem a credibilidade.
5. **Falta de compromisso gera perdas financeiras e de oportunidades** – sua palavra tem valor.
6. **No networking, sua reputação é sua moeda** – os membros observam, comentam e formam opiniões sobre você.
7. **Confiança gera indicações e negócios** – quanto mais confiável você for, mais portas se abrirão.

5. COMPETÊNCIA

Para fazer parte de um grupo de networking, é essencial estar em constante aprendizado e aprimorar suas competências. O verdadeiro objetivo de integrar uma rede de contatos vai além de simplesmente participar; trata-se de colaborar, ajudar e compartilhar conhecimento.

Sem o desenvolvimento contínuo de habilidades, sua capacidade de contribuir será limitada.

Investir em cursos, workshops, leituras, podcasts e conversas com pessoas diferentes é fundamental. Aprendizado não vem apenas de fontes tradicionais — até mesmo um simples bate-papo pode trazer grandes insights.

Por exemplo, recentemente venho conversando com uma empresa de iluminação, e essa interação tem sido extremamente enriquecedora. Hoje, já consigo falar sobre a parte elétrica envolvida na iluminação de postes, tanto no presente quanto no futuro. Aliás, você sabia que os postes de cimento estão sendo substituídos por postes de fibra de vidro? Essa inovação reduz danos em caso de colisão, minimizando a gravidade dos acidentes.

Cada pessoa tem uma forma diferente de absorver conhecimento. Algumas aprendem melhor com leituras, outras com experiências práticas e conversas. O mais importante é nunca estagnar.

Quando você **não busca evolução**, acaba se tornando uma pessoa pouco atrativa dentro do grupo. E nada é mais inspirador do que alguém que, a cada semana, tem um aprendizado novo para compartilhar.

O networking não é apenas sobre trocar contatos, mas sobre trocar valor.

Aprenda, reflita e compartilhe! Não faz sentido adquirir conhecimento e guardá-lo apenas para si. Quando você compartilha o que sabe, as pessoas começam a enxergá-lo como uma autoridade no assunto.

A verdadeira autoridade vem do que você entrega, e não apenas do que você diz.

Se eu, Daniel, não tivesse um grupo com mais de 307 membros e inúmeras conexões, não teria autoridade para falar sobre networking. **Minha credibilidade vem**

dos resultados que apresento. E eu faço questão de divulgar esses resultados nas redes sociais, em conversas com amigos, clientes e parceiros. Quanto mais as pessoas percebem meu impacto, mais me indicam, mais negócios fecham comigo e mais aprendizados trocamos.

Portanto, **invista no seu aprendizado, compartilhe seu conhecimento e mostre seus resultados.** Esse é o caminho para ser reconhecido, gerar autoridade e, principalmente, **construir conexões valiosas.**

Resumo das principais ideias:

1. **Competência exige aprendizado constante** – quanto mais você aprende, mais valor pode agregar ao grupo.
2. **O aprendizado vem de diversas fontes** – cursos, leituras, podcasts e até conversas do dia a dia podem gerar insights valiosos.
3. **Pessoas que não evoluem se tornam pouco atrativas para o networking** – ninguém quer se conectar com quem não agrega valor.
4. **Compartilhar conhecimento gera autoridade** – guardar só para si impede seu crescimento e reconhecimento.
5. **A autoridade vem de resultados, não apenas de conhecimento** – seus feitos falam mais alto do que suas palavras.
6. **Mostrar seus resultados gera mais conexões e oportunidades** – quanto mais impacto você demonstra, mais pessoas confiam e indicam você.

6. CONVIVÊNCIA

Os seres humanos estão sujeitos a uma série de sentimentos que, quando alimentados, podem gerar desconforto dentro de um grupo. Inveja, antipatia, competição desleal, ciúmes e até mesmo o famoso "puxar o tapete" são emoções naturais, mas que precisam ser controladas.

O problema não está em sentir essas emoções, mas sim em alimentá-las. Muitas vezes, uma ideia negativa sobre alguém se forma em nossa mente e, sem perceber, começamos a tratar essa pessoa com hostilidade, sem sequer sabermos o motivo.

O ressentimento não prejudica o outro, mas sim a nós mesmos.

Por isso, é essencial cultivar uma **convivência harmoniosa** no grupo. Mas isso **não significa ser a pessoa mais educada ou forçada,** e sim simplesmente agir com **respeito:**

- **Sorria.**
- **Aperte as mãos.**
- **Olhe nos olhos ao conversar.**
- **Agradeça.**
- **Ofereça ajuda.**
- **Compartilhe experiências positivas.**

A negatividade afasta as pessoas. Reclamar faz parte da vida, mas quando se torna um hábito, pode minar suas conexões. **Se sua postura dentro do grupo for sempre de reclamação, sua presença se tornará desagradável.** Mude isso!

Seja a pessoa que as outras querem ter por perto.

Torne-se aquela pessoa alto-astral, cuja energia atrai os outros. Quem transmite uma vibe negativa afasta as pessoas — e no networking, isso significa perder oportunidades.

Agora, reflita: se o propósito do grupo é gerar conexões e negócios, quem não sabe conviver bem está, na prática, se sabotando:

Dentro de um grupo, o ideal é que todos o conheçam — pelos motivos certos. **Seja lembrado como alguém que:**

- ✔ **Conecta-se com todos.**
- ✔ **Ajuda sempre que pode.**
- ✔ **Tem uma energia positiva contagiante.**

Se precisar desabafar, escolha duas pessoas de extrema confiança. Falar mal de alguém dentro de um grupo pode comprometer sua imagem. A melhor abordagem é refletir sozinho sobre o sentimento e buscar uma solução. Resolva conflitos de maneira construtiva.

LÍDERES PROATIVOS TRANSFORMAM O GRUPO

É natural que, em um grupo heterogêneo, cada participante tenha suas próprias preferências de convivência e se identifique mais com algumas pessoas do que com outras.

Lembre-se: toda história tem três lados — o seu, o do outro e a verdade. Quando um conflito se arrasta, há o risco de envolver outras pessoas, tornando o ambiente mais polarizado. Isso acontece até dentro da família; em um grupo profissional, em que o foco é criar conexões e gerar negócios, é ainda mais essencial agir com cautela.

Seja um agente pacificador, não espere pelos outros para resolver conflitos.

Ajude a manter um ambiente saudável, tome atitudes proativas e incentive boas práticas.

Pense no impacto que suas ações podem ter. Por exemplo, se um membro começa a levar vinho para reuniões de café e outros seguem o exemplo, os encontros podem ganhar uma conotação diferente, que talvez não seja apropriada para o propósito do grupo. Antes de agir, questione: "Se todos repetissem isso, qual seria o impacto?".

No networking, o que é replicável molda a cultura do grupo.

Convivência harmoniosa não significa evitar problemas, mas saber lidar com eles de forma madura e construtiva. Quando você age pensando no coletivo, seu valor dentro do grupo cresce — e com ele, suas oportunidades de conexão e negócios.

Resumo das principais ideias:

1. **Sentimentos negativos são naturais, mas não devem ser alimentados** – o ressentimento prejudica mais quem sente do que quem é alvo.
2. **Tratar os outros com respeito é essencial para uma boa convivência** – pequenos gestos fazem toda a diferença.
3. **Pessoas negativas afastam oportunidades** – reclamar constantemente afeta sua imagem no grupo.
4. **Seja alguém que atrai conexões e inspira os outros** – quem transmite energia positiva é sempre lembrado.
5. **Evite criticar ou reclamar dentro do grupo** – se necessário, desabafe com poucas pessoas de confiança.
6. **Conflitos devem ser resolvidos rapidamente** – pequenos problemas podem se tornar grandes quando ignorados.
7. **Seja proativo na resolução de problemas e no fortalecimento do grupo** – não espere que outros façam o que você pode fazer.
8. **Atitudes são replicáveis** – antes de agir, pense no impacto que seu comportamento pode gerar se for imitado por todos.

7. CONFIDENCIALIDADE

Confidencialidade é a base para a confiança em um grupo de networking.

Quando você faz parte de um grupo, **a confidencialidade é fundamental.** As informações compartilhadas em sigilo devem ser tratadas com respeito. Em todos os grupos, há sempre aqueles que não conseguem guardar o que ouvem, e isso pode ser muito prejudicial. Não repasse informações sem permissão, especialmente quando alguém confia em você e compartilha algo pessoal ou confidencial. Divulgar essas informações sem autorização pode causar intrigas e desarmonia dentro do grupo.

É importante entender que nem todas as conversas são para o público. Algumas devem permanecer privadas, especialmente quando se trata de informações sensíveis.

Se você tem algo negativo a dizer sobre alguém, faça isso em um ambiente privado, com cuidado, pois, se a confidencialidade for quebrada, a confiança é perdida.

Ser confiável é a chave para manter a harmonia no grupo de networking.

Quando você quebra a confiança de alguém, a relação é danificada e, muitas vezes, de forma irreversível. Eu, por exemplo, já passei por uma situação assim. Eu tinha uma ideia para um projeto e confiei em uma pessoa para compartilhar. Imediatamente, ela repassou para mais duas ou três pessoas, que poderiam não ser confiáveis e poderiam executar a minha ideia antes de mim.

Esse é o perigo de compartilhar informações confidenciais. Quando isso acontece, como no meu caso, a confiança é rompida. Depois disso, parei de me abrir com quem havia compartilhado o que não deveria.

Uma vez quebrada, a confiança leva tempo para ser reconstruída — e, às vezes, pode nunca ser restabelecida.

Resumo das principais ideias:

1. A confidencialidade é essencial em qualquer grupo de networking.
2. Informações compartilhadas em sigilo devem ser mantidas em sigilo – repassá-las sem permissão pode causar intriga e prejudicar o ambiente.
3. Conversas privadas devem permanecer privadas. Se for necessário fazer críticas, faça isso em um local apropriado e com respeito.
4. Nunca compartilhe segredos pessoais ou profissionais sem a permissão de quem os compartilhou com você.
5. Quebrar a confiança em um grupo de networking pode prejudicar relações e impedir o compartilhamento futuro de ideias.

8. CORAGEM

Todo membro de um grupo de networking precisa ter **coragem**, pois esse é o primeiro passo para a **tomada de decisão.**

Eu sempre digo que dinheiro não traz coragem, mas coragem traz dinheiro.

É um fato: muitas pessoas ricas não têm coragem de investir em algo novo, enquanto outras, que partiram de uma posição financeira mais baixa, enriqueceram justamente por terem coragem de arriscar.

No contexto de um grupo de networking, ter coragem significa se expor de várias maneiras, incluindo conectar-se com pessoas de níveis intelectuais ou financeiros superiores aos seus, com quem, em situações cotidianas, você talvez não se aproximaria.

Você não buscaria conhecer alguém sem ter algo significativo para agregar à vida ou aos negócios dessa pessoa, mas, quando se trata de networking, ter coragem de se aproximar e estabelecer essas conexões é essencial.

Existem diferentes formas de coragem necessárias em um grupo de networking, como, por exemplo, falar em público. Esse é um medo muito comum entre a maioria das pessoas. Se você participar de um grupo interessado em fazer pitchs de vendas, por exemplo, é importante treinar constantemente para poder falar em público sem receio.

Além disso, é importante ter coragem para **relatar suas histórias de sucesso,** mas também para admitir problemas que existem dentro do seu negócio. **Ter coragem de pedir ajuda** é algo essencial.

Eu, por exemplo, me arrependo de não ter tido coragem de pedir ajuda quando trabalhava no banco, em 2008. Eu tinha acesso direto ao diretor do banco, alguém que poderia me ajudar com seus conhecimentos. Se tivesse perguntado a ele o que ele faria com a minha idade, diante da oportunidade de ser promovido a gerente do banco, eu poderia ter tomado decisões muito mais sábias. Mas, na época, não tive coragem de pedir ajuda.

Ter coragem é, essencialmente, ser capaz de superar seus medos, o que cria grandes oportunidades. Se você não vencer o medo de ir sozinho a um evento, por exemplo, perderá chances valiosas.

Para ter sucesso em grupos de networking, você precisa ter coragem de se posicionar, de ir a evetos, de perguntar, de executar suas ideias.

Tenha coragem, mesmo que não esteja totalmente preparado, mesmo que você gagueje, mesmo que perca o foco. Não deixe que a vergonha ou o medo dominem você. Seja o primeiro a falar em um café de negócios. Essa coragem pode ser treinada. Basta se colocar em situações desafiadoras, aquelas que tiram você da sua zona de conforto. Não deixe que o receio da opinião alheia te impeça de evoluir. Aliás, a maioria das pessoas nem está prestando atenção em você, então não se preocupe com o que elas pensam.

Resumo das principais ideias:

1. Coragem é o primeiro passo para o sucesso no networking e nos negócios.
2. Pessoas ricas podem não ter coragem de investir em algo novo, mas quem arrisca é quem alcança grandes conquistas.
3. No networking, é necessário se expor, conectar-se com pessoas de diferentes níveis e compartilhar suas ideias e desafios.
4. Ter coragem para pedir ajuda é fundamental para crescer e evitar arrependimentos.
5. Superar os medos pessoais, como falar em público e se posicionar, abre portas para grandes oportunidades.
6. Coragem pode ser treinada; saia da zona de conforto e não se preocupe com o julgamento dos outros.

9. CONSISTÊNCIA

Para ter sucesso, é preciso ser consistente.

Não adianta fazer algo apenas uma vez, é necessário fazer todos os dias, todas as horas, o tempo todo. Imagine uma pessoa que deseja um corpo saudável e bonito. Ela precisa se alimentar de maneira equilibrada e se exercitar diariamente. Mesmo que a frequência de atividades físicas possa variar ao longo da semana, a constância é essencial para alcançar e manter os resultados desejados.

O mesmo se aplica ao networking: pode haver um dia em que você não consiga se conectar com novas pessoas, mas existem ações que devem ser feitas com consistência, como cultivar a confiança e o comprometimento.

Mesmo que você não atue no networking todos os dias, a consistência deve estar presente.

Se você se comprometer a comparecer a um evento por mês, por exemplo, mantenha esse compromisso durante os 12 meses. **A consistência é fundamental para resultados a longo prazo.** Muitas pessoas entram em grupos de networking esperando resultados rápidos, mas o sucesso real leva tempo. Quando os resultados não surgem imediatamente, muitas desistem, ou começam a marcar reuniões que não geram frutos imediatos, o que as faz abandonar a jornada.

Eu, por exemplo, estou **há mais de 10 anos fazendo networking para só agora colher resultados.** Na verdade, comecei sem nem saber o que era networking, lá em 2003. Quando você cria uma agenda para suas conexões, há muito mais chances de sucesso.

"Melhorar 1% ao dia" é a chave: cada pequeno passo significa avanço em direção ao seu objetivo.

Determine a sua consistência. Não precisa ser todos os dias, mas, se você se comprometer com uma agenda semanal, faça questão de cumpri-la. Para ter sucesso dentro de um grupo de networking, essa consistência precisa estar presente, principalmente nos eventos promovidos pelo grupo.

Os resultados duradouros não acontecem da noite para o dia. Se você tiver consistência, seus resultados também serão consistentes. Monte uma agenda regular e mantenha o compromisso de seguir o que foi programado ao longo do tempo, pois é assim que você alcançará os resultados desejados.

A consistência ajuda a construir relacionamentos sólidos e duradouros.

Você não se conecta com alguém por um mês e depois simplesmente esquece essa pessoa. A confiança é construída ao longo do tempo, por meio de encontros e conversas constantes. Assim como a credibilidade, a confiança e a reputação também são frutos de consistência e tempo.

Dentro de um grupo de networking, quem não é consistente acaba **perdendo todo o tempo e dinheiro investidos,** porque sem consistência não há base para construir relacionamentos profundos e duradouros.

Resumo das principais ideias:

1. **O sucesso exige consistência,** não ações esporádicas.
2. **Para resultados duradouros, a consistência é fundamental,** seja em hábitos de saúde ou no networking.
3. **As ações devem ser feitas de forma regular,** se você se comprometer com algo, cumpra com consistência, seja semanal ou mensal.
4. **A construção de confiança e relacionamentos leva tempo e deve ser consistente.**
5. **A credibilidade, a reputação e o profissionalismo também dependem de consistência.**
6. **Dentro de um grupo de networking, quem não é consistente perde todo o investimento de tempo e esforço.**

10. CONEXÃO

O fator mais importante para ter sucesso em um grupo de networking é construir **conexões genuínas.** Isso significa **se conectar com as pessoas de forma consciente, sem esperar resultados imediatos.**

É claro que, com o tempo, essas conexões podem gerar oportunidades de negócios, mas o erro está em buscar o relacionamento tendo apenas esse objetivo em mente.

Para que o networking seja realmente eficaz, o foco deve estar em **ajudar genuinamente,** sem esperar algo em troca — e, principalmente, sem pressa por resultados imediatos.

Como criar conexões autênticas?

1. **Apoie as pessoas com quem se conecta.** Descubra suas necessidades e veja como você pode contribuir, seja com insights, experiências ou sugestões úteis para a empresa delas.
2. **Crie pontes.** Avalie se alguém da sua rede de contatos pode ser interessante para essa pessoa e faça apresentações estratégicas.
3. **Demonstre interesse.** Presenteie com um livro que agregue valor ao negócio ou ao crescimento pessoal. Se for uma leitura que impactou sua vida, compartilhe esse conhecimento.

O segredo é **manter essas relações vivas e consistentes,** sem um prazo determinado para encerrar a conexão.

Seja presente e proativo:

1. Após um evento, **mantenha o contato.** Conecte-se pelas redes sociais, envie uma mensagem agradecendo o bate-papo e ressalte os pontos em comum da conversa. Isso faz a pessoa se sentir valorizada.
2. Sempre que possível, **proponha um próximo encontro:** um café, uma reunião ou até mesmo uma nova troca de ideias. Esse tipo de ação fortalece o elo construído.
3. **Dê atenção de verdade.** As pessoas valorizam quando alguém dedica tempo a elas — e, no mundo acelerado em que vivemos, isso se tornou um diferencial poderoso.

CHECKLIST

COLABORAÇÃO

- ◨ Já ofereci ajuda a alguém do meu grupo de networking esta semana?
- ◨ Participei ativamente de discussões e dei sugestões construtivas?

COMUNICAÇÃO

- ◨ Tenho ouvido mais do que falado nas minhas interações?
- ◨ Me expresso de forma clara e sem jargões complicados?
- ◨ Dou e recebo feedbacks de maneira positiva?

COMPROMETIMENTO

- ◨ Chego pontualmente nos encontros de networking?
- ◨ Cumpro os prazos e promessas que faço aos meus contatos?

CONFIANÇA

- ◨ Sou transparente nas minhas interações?
- ◨ Evito exageros ou promessas que não posso cumprir?

COMPETÊNCIA

- ◨ Estou investindo no meu aprendizado para agregar valor ao grupo?
- ◨ Compartilho meu conhecimento de forma estratégica?

CONVIVÊNCIA

- ◨ Demonstro respeito e empatia nas interações?
- ◨ Evito reclamações e negatividade nas conversas do grupo?

CONFIDENCIALIDADE

- ◨ Sei separar informações públicas das privadas?
- ◨ Evito fofocas ou repassar informações sem permissão?

CORAGEM

- ◨ Participo ativamente de eventos, mesmo quando me sinto desconfortável?
- ◨ Tenho me desafiado a expandir meus limites no networking?

CONSISTÊNCIA

- ◨ Estabeleci uma rotina para nutrir minhas conexões?
- ◨ Evito períodos longos de ausência nos grupos em que participo?

CONEXÃO

- ◨ Estou focado em criar relações genuínas, sem esperar retorno imediato?
- ◨ Mantenho contato frequente com as pessoas-chave da minha rede?

"O SUCESSO NAS CONEXÕES PESSOAIS E PROFISSIONAIS DEPENDE DE UMA ABORDAGEM ESTRATÉGICA E INTENCIONAL."

– O PAI DO NETWORKING

O PAI DO NETWORKING

CAPÍTULO 4

OS 7PS DA CONEXÃO

O PAI DO NETWORKING

Este capítulo vai te ensinar a aplicar o tão falado **networking intencional,** utilizando o método dos **7 Ps da Conexão.** Você perceberá que esses princípios não só potencializam suas conexões profissionais, mas também podem ser aplicados a diversas situações da sua vida pessoal e profissional.

O objetivo desse método é **construir conexões estratégicas, com intencionalidade e posicionamento,** garantindo que seus relacionamentos tenham um propósito claro e resultem em oportunidades concretas.

Os **7 Ps da Conexão** são um **passo a passo estruturado** para que você consiga criar laços autênticos e bem-sucedidos.

A seguir, vamos explorar cada um desses pilares em profundidade para que você possa aplicá-los de forma eficaz no seu dia a dia.

1. **PESSOAS**
2. **PROPÓSITO**
3. **PLANEJAMENTO**
4. **POSICIONAMENTO**
5. **PROATIVIDADE**
6. **PROFUNDIDADE**
7. **PRESENTE**

1. PESSOAS

O poder da conexão: entender de pessoas é essencial

Quando falamos sobre conexões, a primeira coisa que vem à mente são as **pessoas.** Em nossa vida, estamos constantemente negociando e nos comunicando, e compreender as pessoas é fundamental para se destacar em qualquer área.

Seja ao participar de grupos de negócios, vender ou expandir sua rede de contatos, estamos sempre lidando com **pessoas**, e não apenas com empresas. Descobri isso em 2006, quando era estagiário em um banco. Eu me destacava porque conseguia transformar clientes furiosos em satisfeitos, algo que chamava a atenção dos meus colegas. Na época, achava que era apenas o meu jeito de ser, mas hoje sei que o diferencial estava em minha capacidade de **ouvir e compreender as necessidades emocionais das pessoas antes de falar de negócios.**

Muitas vezes, um cliente não quer apenas uma solução — ele quer **ser ouvido.** Quando você percebe que, em uma conversa de negócios, está lidando com emoções e sentimentos, aprende a prestar atenção no ser humano à sua frente. Esse é o primeiro passo para estabelecer uma **conexão genuína.**

Ao se conectar com alguém, lembre-se: essa pessoa pode estar em um dia difícil ou emocionalmente fragilizada. Logo, antes de qualquer coisa, **demonstre interesse verdadeiro por ela.** Quando entendi que vender e me conectar com as pessoas não era apenas sobre negócios, mas sobre **relacionamento interpessoal,** tudo ficou mais natural e fluido.

O poder da escuta ativa e da empatia

Em reuniões e eventos de networking, adotei uma postura diferente: **evitava falar sobre mim e dava espaço para os outros falarem.** Em uma roda de conversa, sempre deixava espaço para mais pessoas entrarem e interagirem. Isso me ensinou que, quanto mais eu escutava, mais eu aprendia e mais conexões autênticas construía.

Além disso, antes de se conectar com alguém, pergunte-se:

→ **Com quem quero me conectar?**

→ **Por que essa conexão é importante para mim?**

Pode ser um cliente, um parceiro estratégico ou um mentor. Defina quem é essa pessoa e, quando for abordá-la, **trate-a como um ser humano e não apenas como uma oportunidade de negócio.**

Ao conversar, imagine que essa pessoa está no pior dia da vida dela. Em vez de entrar diretamente em um assunto técnico, pergunte primeiro:

"Como você está?", em vez de "Como estão as coisas?"

Esse pequeno detalhe faz toda a diferença. Perguntar "como estão as coisas?" pode soar impessoal e dar a impressão de que sua preocupação está voltada para bens materiais, enquanto "como você está?" mostra um interesse genuíno no bem-estar da pessoa.

O bem mais valioso que temos hoje é o tempo. Quando você se dispõe a ouvir alguém, está dedicando a ela o seu tempo — algo insubstituível.

Pequenos gestos fazem uma enorme diferença, como:

- Olhar nos olhos durante a conversa.
- Ter um aperto de mão firme e caloroso.
- Demonstrar real interesse pelo que a pessoa diz.

Uma estratégia que sempre usei — e que percebi, ao escrever este livro, que devo retomar — é o **MCM (Me Conte Mais...).** Sempre que iniciava uma pergunta com "Me conte mais sobre...", a outra pessoa sentia-se à vontade para se aprofundar no assunto. Isso evita respostas curtas e cria oportunidades para conexões mais profundas.

Por exemplo, em vez de perguntar: **"O que você faz?"** (resposta curta: "Marketing" ou "Tenho uma construtora"), pergunte: **"Me conte mais sobre o seu trabalho e como começou nessa área?".**

Isso faz com que a outra pessoa compartilhe sua história, e quanto mais ela fala, mais você entende sobre ela — e maior a chance de uma conexão genuína acontecer.

Os 7 drives humanos e como eles influenciam conexões e negócios

Cada pessoa possui um **drive principal,** uma motivação interna que guia suas decisões e comportamentos. Tony Robbins adaptou a Pirâmide de Maslow e identificou seis necessidades humanas essenciais. A partir disso, desenvolvi um sétimo drive, o da **autenticidade**.

Os **7 drives humanos** são:

→ **Diversidade –** pessoas movidas por novas experiências e desafios.

→ **Segurança** – pessoas que buscam estabilidade e previsibilidade.

→ **Amor** – pessoas motivadas por conexões emocionais e pertencimento.

→ **Contribuição** – pessoas que gostam de ajudar e fazer a diferença.

→ **Crescimento** – pessoas que valorizam aprendizado e evolução.

→ **Reconhecimento** – pessoas que se motivam por prêmios e status.

→ **Autenticidade** – pessoas que desejam ser aceitas como são.

Todos nós temos esses drives dentro de nós, mas um sempre se sobressai. **Identificar o drive dominante de alguém pode ser a chave para estabelecer uma conexão mais forte e até mesmo fechar uma venda.**

Por exemplo, meu drive principal é o **crescimento**, seguido por **contribuição e reconhecimento.** Isso significa que, se alguém quiser me atrair para um grupo de networking, ele precisa me oferecer **oportunidades de aprendizado e evolução,** além de **reconhecimento** pelo meu desempenho. Se um grupo não proporcionar esses elementos, é provável que eu não permaneça nele.

Outro exemplo prático: uma amiga minha só comprou um produto meu quando eu **alinhei a oferta ao drive dela.** Inicialmente, tentei vender um passaporte gastronômico focando em economia e variedade, mas isso não a motivou. Quando fiz uma campanha em que **50% da renda seria doada para uma instituição,** ela comprou 30 unidades. O drive dela era a **contribuição**, e só ao entender isso consegui gerar o valor necessário para que ela tomasse a decisão de compra.

Use os drives para criar conexões mais fortes:

- → Escute atentamente as pessoas para identificar qual drive as motiva.
- → Adapte sua comunicação para se conectar com elas de forma mais significativa.
- → Lembre-se: **todo ser humano tem sentimentos,** e entender essas emoções é a chave para relações e negócios mais bem-sucedidos.

Saber **vender bem não significa apenas conhecer o seu produto,** mas também saber **para quem você está vendendo** e qual é a motivação daquela pessoa. Se um vendedor não faz uma boa sondagem, pode até fechar uma venda, mas será uma venda desalinhada, que não gera real satisfação para o cliente.

O **drive da autenticidade,** que eu desenvolvi, surgiu quando percebi que algumas pessoas entram em grupos de networking porque querem se sentir livres para serem quem são. Eu mesmo valorizo ambientes descontraídos e informais. Se alguém quiser me convencer a participar de um evento, basta me dizer que lá poderei ser eu mesmo — e provavelmente eu irei.

No final das contas, não adianta tentar se conectar com alguém sem antes entender **qual é o caminho certo para essa conexão.**

Pessoas precisam entender de pessoas. Saber negociar e vender exige não apenas conhecimento técnico, mas principalmente um profundo entendimento sobre o que **motiva e impulsiona cada ser humano.**

2. PROPÓSITO

Para estabelecer uma conexão genuína, é essencial entender no que as pessoas com quem você se conecta acreditam. Não faz sentido ter vínculo com quem não compartilha os mesmos valores que você, seja no âmbito pessoal ou profissional.

Entenda o motivo por trás da conexão. Por que você quer se conectar com essa pessoa? O que você pode oferecer a ela? É essencial que os valores dela estejam alinhados com os seus. **Um propósito claro torna a conexão mais significativa e mutuamente benéfica.**

Em um relacionamento, conectar-se com alguém que tem valores totalmente diferentes dos seus resultará em uma conexão sem profundidade. A mesma coisa ocorre no âmbito profissional.

Por exemplo, se a pessoa está interessada apenas em

vender a qualquer custo, enquanto para você, uma venda deve ser feita de forma transparente, visando o benefício que trará ao cliente, essa é uma conexão que precisa ser descartada. O propósito deve ser intencional.

A sua aproximação com alguém precisa ter um objetivo claro. Seja para criar pontes, ajudar pessoas, abrir portas, ser transparente ou buscar o bem coletivo, e não apenas o benefício próprio e imediato.

Eu já fiz negócios com pessoas que não tinham os mesmos valores que os meus e a parceria deu errado, porque eu não percebi antes, não a escutei para identificar aquilo que era importante para elas. Para descobrir os valores de uma pessoa, você tem que perguntar e conviver.

3. PLANEJAMENTO

Você precisa ter um planejamento para evitar se empolgar nos primeiros dias e depois perder o foco. O planejamento é parte essencial da disciplina e da constância.

Como você vai estabelecer essa conexão? Onde essa pessoa está?

Desenvolva um plano detalhado de como e onde se conectar. Isso pode incluir eventos de networking, plataformas de mídia social ou até mesmo apresentações feitas por contatos em comum. Ter disciplina é fazer todo dia, e ao colocar o seu planejamento em prática, terá constância para fazer a longo prazo e ter resultado.

As pessoas costumam se motivar muito no início, mas depois deixam de ser proativas e não sustentam a relação.

Para preservar a conexão, é fundamental ter um planejamento semanal ou mensal, organizando sua participação em eventos, ligações para contatos, convites para almoços, entre outras ações.

Não adianta agir por um tempo e depois parar. Construir relacionamentos é um processo que exige tempo, disciplina e constância. A disciplina é necessária para agir todos os dias, e a constância é o que traz resultados a longo prazo. Para te ajudar a fazer um bom planejamento, você pode usar várias ferramentas de agenda, dentro do WhatsApp, do Trello, etc. O importante é que você não faça tudo em um dia e depois desanime.

Etiquetas no WhatsApp

Prospect	46 >
CONTATO FRIO	0 >
CONTATO MORNO	0 >
CONTATO QUENTE	0 >

Adicionar Nova Etiqueta

Use etiquetas para organizar seus clientes e conversas.
Saiba mais

Trello

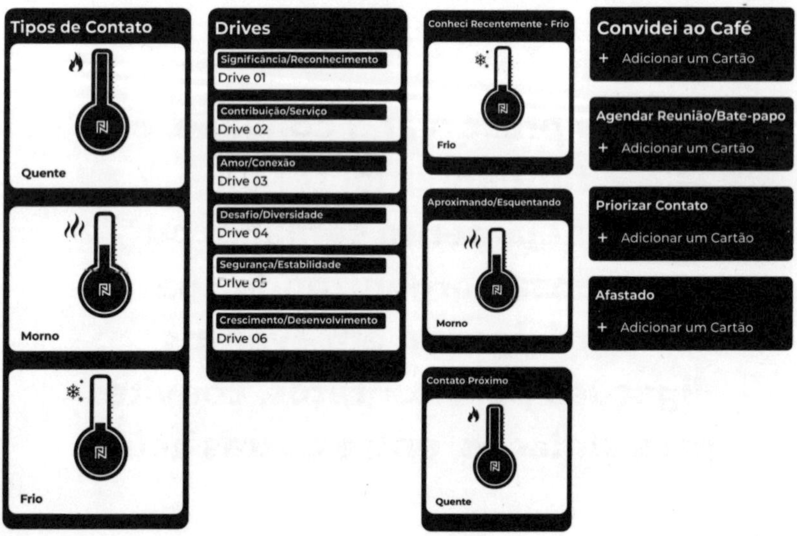

O meu planejamento é: toda quinta e sexta-feira, me comprometo a agendar reuniões online para a segunda-feira. No entanto, sempre marco para duas semanas depois. Isso porque, muitas vezes, as pessoas não valorizam uma reunião agendada muito próxima ao primeiro contato. Por isso, evite demonstrar excessiva disponibilidade. Deixe claro que sua agenda só permite horários com intervalos consideráveis.

Lembre-se de incluir no seu planejamento um tempo livre na agenda, para que você possa pensar em estratégias e olhar a sua empresa sob outra perspectiva. Priorize o que te dá maior retorno e dispense o que não dá.

4. POSICIONAMENTO

Consegui me conectar com mais pessoas apenas fazendo mudanças simples no meu posicionamento. O modo como você se posiciona faz toda a diferença ao buscar conexões, pois é ele que orienta a forma como você se apresenta ao mundo – e isso precisa ser feito com confiança.

Você não vai conseguir criar conexões significativas se não transmitir segurança. Se chega a um evento tímido, com postura curvada e fala hesitante, dificilmente despertará interesse. As pessoas se conectam com quem transmite valor e, para isso, é essencial saber se expressar e se posicionar.

Agora, imagine que alguém pergunta sobre seu trabalho e você responde: "Ah, é mais ou menos...". Com essa resposta, ninguém vai te contratar. Do mesmo jeito, se eu tivesse começado este livro dizendo que sou mais ou menos bom em networking ou que meu grupo é mais ou menos interessante, você provavelmente nem teria chegado até aqui.

A falta de confiança geralmente está atrelada a uma crença limitante: o medo de se valorizar e parecer esnobe.

Mas a verdade é que quem não se posiciona com segurança perde oportunidades. Eu sou confiante e sei que sou **O Pai do Networking**. Sou muito bom em criar conexões, busco ser o melhor sempre e me valorizo cada vez mais. Sei que **não sou copiável.** E quando me apresento, essa mensagem fica clara. Não digo tudo de uma vez, mas minha abordagem, postura e discurso fazem com que as pessoas percebam isso.

Se você quer construir boas conexões, aprenda a se posicionar. Ao se aproximar de alguém, corrija sua postura, mantenha um sorriso no rosto e transmita confiança.

E lembre-se: **seu posicionamento presencial precisa ser refletido no digital.** Observe se o conteúdo e as fotos que você publica são coerentes com a confiança que transmite pessoalmente. Afinal, sua presença online também deve despertar o desejo no outro de se conectar com você.

Estamos sendo observados o tempo todo.

Exercício: Simulação de Elevator Pitch – Como apresentar seu valor em 30 segundos

Objetivo:
Criar um discurso de apresentação rápido e impactante, que deixe claro quem você é, o que faz e como pode ajudar outras pessoas.

1. Preencha as lacunas abaixo para estruturar seu discurso:

- ☐ Meu nome é ______________________________
e sou especialista em ______________________
______________________________________.
- ☐ Ajudo **(público-alvo ou tipo de cliente)** a **(problema que você resolve ou benefício que gera).**
- ☐ Diferente de outros profissionais, **(seu diferencial no mercado).**
- ☐ Por isso, se você precisa **(solução que oferece)**, posso te ajudar!

2. Exemplo prático:

- ☐ **Antes:** "Sou consultor de marketing e trabalho com empresas de vários segmentos".
- ■ **Depois:** "Meu nome é João e sou especialista em marketing digital para pequenos negócios. Ajudo empreendedores a atrair clientes sem depender apenas de anúncios pagos. Diferente de outras agências, ofereço estratégias personalizadas que cabem no orçamento de pequenas empresas."

3. Ajuste e pratique:

- Leia seu pitch em voz alta.
- Grave e veja se ele é claro e natural.
- Teste sua apresentação com amigos ou colegas e peça feedback.

Dicas bônus:

- ✔ Evite jargões técnicos.
- ✔ Seja direto e objetivo.
- ✔ Mostre como seu trabalho gera impacto.

Espaço para anotações

5. PROATIVIDADE

A proatividade é o resultado da atitude aliada à execução de ideias, e isso se torna um grande diferencial em um mundo onde a maioria das pessoas espera muito e age pouco. Para construir conexões, é preciso agir — seja em um evento, em uma reunião ou até mesmo ao iniciar um relacionamento, seja ele pessoal ou profissional.

Na vida pessoal, sua proatividade deve respeitar os limites do outro e as regras sociais. Por exemplo, tradicionalmente se espera que o homem tome a iniciativa ao convidar uma mulher para sair. Já no ambiente profissional, não há uma regra definida sobre quem deve agir primeiro.

Quem tem mais interesse e é mais proativo sai na frente.

Ser proativo é essencial para criar conexões duradouras. O mais comum hoje é que as pessoas se conheçam em eventos e deixem a relação esfriar ali mesmo. **Poucos têm a iniciativa de dar o próximo passo e transformar um contato em uma conexão real.**

Após o primeiro contato, tome a iniciativa! Convide para um café, proponha uma reunião informal. Não espere que as oportunidades caiam no seu colo — crie-as.

Se ainda não teve a chance de se conectar com alguém, use o planejamento a seu favor: descubra onde essa pessoa está ou quem pode apresentá-la a você.

Independentemente de suas dificuldades ou inseguranças, a proatividade deve ser sua aliada ao conhecer novas pessoas.

Seja proativo para ajudar, para puxar conversa, para fazer uma pergunta, para dar um telefonema, para marcar um café, um almoço ou uma reunião. **Cada uma dessas ações fortalece suas conexões.**

O tempo passa rápido. Se você não for proativo dentro de um grupo, dificilmente criará relações genuínas que tragam o retorno que deseja. Hoje mesmo, você pode separar um dia na agenda para fazer reuniões online, por exemplo. **Basta ter atitude.** Não fique esperando que alguém tome a iniciativa de entrar em contato com você.

Muitas conexões se perdem simplesmente porque alguém não teve a proatividade de cumprimentar uma pessoa interessante em um evento ou de continuar uma conversa após um primeiro contato. Não cometa esse erro.

Seja intencional. Seja proativo.

6. PROFUNDIDADE

Para uma conexão de sucesso, é essencial ir além da superfície.

No mundo atual, onde tudo parece raso, é necessário se engajar de forma genuína. Isso significa interagir nas redes sociais da pessoa, comentar nas postagens e enviar mensagens privadas com ideias ou parabenizações. Inicie conversas sobre interesses pessoais, como hobbies e experiências em comum.

Para construir relações verdadeiras, é fundamental planejar, ter disciplina e agir com um propósito intencional, conectando-se com pessoas que compartilham valores semelhantes aos seus.

Lembre-se: **ninguém se abre para uma conexão de imediato.** O processo de estabelecer afinidade e confiança leva tempo. E é nesse tempo que a conexão passa por três estágios: frio, morno e quente. Cada estágio exige paciência e atenção para cultivar uma relação sólida e duradoura.

FRIO

Esse é o estágio inicial, quando você ainda não conhece bem a pessoa, ou quando o contato aconteceu de forma superficial – como trocar cartões de visita em um café ou evento, por exemplo. **A relação nesse ponto é fria e rasa, e é nesse momento que você precisa trabalhar para aprofundá-la.**

Pessoas desconhecidas até então:
Você precisa estabelecer a **PONTE INICIAL DE CONFIANÇA.**

MORNO

Esse é o primeiro estágio de conexão após o contato inicial. É o momento em que você agenda o primeiro encontro ou conversa, um passo crucial para, a longo prazo, estabelecer uma conexão profunda e duradoura.

Vocês já tiveram uma conversa, trocaram ideias online, se encontraram para um café e até se seguem no Instagram há algum tempo. Você precisa **ESQUENTAR** o contato primeiro antes de um convite/pedido. Do contrário, acabará espantando em vez de aproximar.

QUENTE

Quanto mais profunda for a relação, mais quente ela se torna, pois levou tempo para ser construída. Nesse estágio, você entendeu melhor a pessoa, suas dores e desafios, o que permitiu que você a ajudasse e a servisse. **Você estabeleceu uma relação de liberdade, o que aqueceu ainda mais a conexão.**

É nesse grau que se compartilham sonhos, metas, objetivos e tudo o que não se divide com qualquer um. **Aqui mora a reciprocidade, que é o ápice de uma verdadeira conexão.**

Pessoas muito próximas – um cliente, um amigo ou alguém com quem você já compartilhou momentos significativos. Você pode ser mais direto(a), porque você já conhece a **DOR** ou o **SONHO**, o **MOMENTO** de vida ou do negócio e o **DRIVE** dessa pessoa.

No grau quente, você pode espaçar mais o tempo de contato com sua conexão, ou seja, pode flexibilizar a disciplina e a constância. Mesmo que fique algum tempo sem conversar, é importante enviar mensagens esporádicas para manter a sintonia. **É nesse estágio que está aquele amigo com quem, devido à correria da vida, você passa dois anos sem falar, mas, ao retomar o contato, a conversa flui como se o tempo não tivesse passado.**

Uma vez gerado o sentimento de reciprocidade, **é difícil que ele desapareça.** O que se perde rapidamente é a conexão fria que começa a aquecer, mas esfria novamente por falta de constância e planejamento. **Conectar-se com alguém não é fácil, e manter essa conexão é ainda mais desafiador, por isso a importância de seguir esses passos.**

Em um mundo tão raso, você precisa se aprofundar nas conexões. **E lembre-se: qualidade é sempre melhor que quantidade.**

EXERCÍCIO: MAPA DE CONEXÕES – CLASSIFICANDO SUA REDE DE CONTATOS

Este exercício ajudará você a identificar, organizar e fortalecer sua rede de contatos, classificando cada conexão como fria, morna ou quente e definindo estratégias para aprofundar relacionamentos.

1. Pegue uma folha em branco ou use uma ferramenta digital (Trello, Notion, planilhas, etc.)

No centro, escreva seu nome ou o de sua empresa.

Ao redor, crie três categorias para classificar seus contatos: **frio, morno e quente.**

2. Classifique seus contatos:

- ☐ **Contatos frios:** pessoas que você conheceu recentemente ou com quem interagiu superficialmente (exemplo: trocou cartões em um evento, adicionou no LinkedIn, mas nunca conversou).
- ☐ **Contatos mornos:** pessoas com quem você já interagiu algumas vezes, mas sem um relacionamento consolidado.
- ☐ **Contatos quentes:** pessoas com quem você tem um relacionamento forte, que já te ajudaram ou que confiam em você.

3. Defina uma estratégia para cada grupo:

- ☐ **Contatos frios:** como aquecê-los? Envie uma

mensagem, proponha um bate-papo, curta e comente conteúdos deles nas redes sociais.

- **Contatos mornos:** como fortalecer esse vínculo? Convide para um café, compartilhe oportunidades ou peça conselhos sobre um tema.
- **Contatos quentes:** como manter esse relacionamento ativo? Ofereça ajuda, reconheça o valor dessas pessoas e pense em formas de gerar reciprocidade.

4. Ação prática:

- Escolha três contatos da sua rede e tome uma iniciativa hoje mesmo para se conectar com eles.

Perguntas para reflexão:

- Quantas pessoas da minha rede realmente me conhecem?
- Como posso agregar valor às minhas conexões?
- O que estou fazendo para fortalecer meus relacionamentos profissionais?

Espaço para anotações

7. PRESENTE

Quando você combina a compra com um gesto de ajuda, o resultado é ainda mais poderoso, pois é o "comprar servindo". Além disso, estar verdadeiramente presente é crucial. Isso significa oferecer atenção total à pessoa, e o contato olho no olho é essencial para construir confiança e compreensão. **Assim como um presente físico, por menor que seja, pode ter um impacto significativo.**

Uma simples gentileza pode ser transformadora e marcante. Você pode, por exemplo, presentear alguém com um ingresso para um evento que tenha significado, caso deseje aprofundar uma relação. Claro, para isso, é fundamental entender o que realmente desperta o interesse da pessoa, acionando suas emoções, e garantir que seus valores sejam compatíveis.

Lembre-se também de que presentear alguém pode ser tão simples quanto oferecer sua disponibilidade.

Estar presente, prestar atenção em uma roda de conversa e evitar distrações, como o celular, são formas de se presentear emocionalmente.

Cuidar para lembrar os nomes das pessoas também faz toda a diferença.

Você perde muitas oportunidades de fazer conexões genuínas quando não está presente. Não adianta participar de uma atividade interativa se sua mente está em outro lugar. A maioria das pessoas se desconecta quando, durante uma conversa, a outra pessoa não olha nos olhos, fala com alguém diferente ou mexe no celular. **Se a pessoa que busca se conectar não demonstra atenção, está desperdiçando uma grande oportunidade.**

Para facilitar a aplicação dos 7 Ps, podemos dividi-los em dois grupos:

- **AÇÃO:**

Esse grupo inclui o planejamento, o propósito, o posicionamento e a proatividade, que tratam das etapas práticas para estabelecer e nutrir a conexão.

- **EMOÇÃO:**

Esse grupo abrange as pessoas, a profundidade e o presente, que se concentram na construção emocional e no fortalecimento do vínculo com a outra pessoa.

Seguindo os 7 Ps da Conexão, você não apenas aumentará suas chances de gerar conexões significativas, mas também criará relacionamentos duradouros que podem trazer benefícios mútuos a longo prazo.

Seja intencional, estratégico e sincero, assim suas conexões florescerão.

Atividade Prática: Estruturando um Plano de Networking

Com base nos conceitos abordados neste capítulo, crie um plano para melhorar o seu networking. Siga os passos a seguir para organizar suas ações de forma estratégica e eficaz.

1. Escolha 3 conexões:

Identifique três pessoas ou grupos com os quais você gostaria de fortalecer ou iniciar uma conexão. Detalhe quem são e qual a importância delas para o seu crescimento.

- Conexão 1:

____

____

____

- Conexão 2:

____

____

____

- Conexão 3:

____

____

____

2. Definição de propósitos:

Para cada uma dessas conexões, defina de maneira clara o motivo pelo qual você deseja cultivar essa relação. Pergunte-se: o que você pretende alcançar com essa conexão? Qual é o propósito por trás dessa interação?

- **Propósito da conexão 1:**

  ____
  ____
  ____

- **Propósito da conexão 2:**

  ____
  ____
  ____

- **Propósito da conexão 3:**

  ____
  ____
  ____

3. Estratégia de ação:

Agora, para cada uma das conexões escolhidas, responda às seguintes perguntas:

- ☐ Como e onde você irá se conectar com essa pessoa ou grupo?
  (Exemplo: participar de um evento, enviar uma mensagem, marcar um encontro para um café, etc.)

- ☐ O que você pode oferecer para agregar valor a essa pessoa ou grupo?
  (Pense em como sua contribuição pode ser relevante e ajudar no fortalecimento da relação.)

- ☐ Como garantir a constância e a disciplina no relacionamento?
  (Estabeleça uma frequência para o contato, como encontros semanais, quinzenais ou mensais, e pense em como manter essa regularidade.)

- ■ Propósito da conexão 1:

  Como:

  ____

  ____

  O que oferecer:

  ____

  ____

  Frequência de contato:

  ____

  ____

- Propósito da conexão 2:

  Como:

  ____

  ____

  O que oferecer:

  ____

  ____

  Frequência de contato:

  ____

  ____

- Propósito da Conexão 3:

  Como:

  ____

  ____

  O que oferecer:

  ____

  ____

  Frequência de contato:

  ____

  ____

CHECKLIST

PROPÓSITO

- ◨ Sei exatamente por que quero me conectar com determinadas pessoas?
- ◨ Meus valores estão alinhados com os das minhas conexões?

PLANEJAMENTO

- ◨ Tenho um plano estruturado para fortalecer minha rede de contatos?
- ◨ Uso alguma ferramenta para acompanhar meu progresso?

POSICIONAMENTO

- ◨ Sei comunicar meu valor de forma clara e confiante?
- ◨ Minha postura e discurso refletem segurança e profissionalismo?

PROATIVIDADE

- ◨ Tomei a iniciativa de marcar pelo menos um café ou reunião esta semana?
- ◨ Não estou esperando que os outros deem o primeiro passo?

PROFUNDIDADE

- ◨ Busco entender os interesses e desafios das minhas conexões?
- ◨ Faço perguntas que criam laços mais fortes ao invés de conversas superficiais?

PRESENTE

- ☐ Tenho estado verdadeiramente presente nas conversas, evitando distrações como o celular?
- ☐ Ofereço atenção total e contato olho no olho ao me comunicar?
- ☐ Já usei um gesto simbólico, como um presente ou convite significativo, para fortalecer uma conexão?
- ☐ Estou disponível emocionalmente para as pessoas, mesmo com pequenas gentilezas?

O PAI DO NETWORKING

“VOCÊ NÃO CRESCE APENAS POR ESTAR NO AMBIENTE CERTO. VOCÊ CRESCE QUANDO ENTRA NO AMBIENTE CERTO E SE MOVIMENTA COM INTENÇÃO.”

– O PAI DO NETWORKING

O PAI DO NETWORKING

CAPÍTULO 5

CONSIDERAÇÕES FINAIS: UM NOVO COMEÇO

O PAI DO
NETWORKING

Se você chegou até aqui, quero que saiba que isso não é o fim deste livro. Pelo contrário: é o começo de algo muito maior — para você e para mim.

Ao longo dessas páginas, compartilhei minhas experiências, aprendizados e até algumas loucuras estratégicas que vivi para construir conexões verdadeiras. Falei do poder do networking, sim. Mas, acima de tudo, falei sobre humanidade, sobre intenção, sobre como se posicionar no mundo com autenticidade.

Acredito profundamente que, se estamos vivos, temos uma missão. E a minha é clara: **ajudar o maior número de pessoas a entenderem que o networking não é uma ferramenta — é um estilo de vida. É sobre gente. Sobre servir. Sobre presença.**

Sempre fui uma pessoa comunicativa, que gostava de conversar sobre tudo. Brinco que até o meu namoro começou através de networking, e, na verdade, até este livro é fruto disso também. Ao longo da minha vida, as conexões que fiz me apresentaram outras pessoas que, por sua vez, me abriram portas. Quando agi de forma intencional e estratégica, sendo transparente e autêntico, essas portas permaneceram abertas para mim.

Tudo o que conquistei até hoje foi fruto de uma decisão: escolher estar onde a transformação acontece.

Mesmo que isso exigisse sair da zona de conforto, mesmo que parecesse loucura para os outros. Porque eu sei

— e agora você também sabe — que conexões certas mudam destinos.

É essencial investir no networking dentro de um grupo, pois ele funciona como uma estrutura piramidal, com pessoas em diferentes níveis: acima de você, no mesmo nível e abaixo. O seu objetivo é ajudar aqueles que estão em níveis inferiores a alcançar o seu nível. Porém, para se conectar com pessoas em níveis superiores, muitas vezes será necessário pagar por esse acesso. Eu vivi isso na prática.

Existe um ponto no networking em que você percebe que, para se conectar com pessoas que estão alguns níveis acima de você, será necessário investir — tempo, energia e, muitas vezes, dinheiro. Não é apenas sobre o conteúdo. É sobre o ambiente, sobre o acesso. Estar no mesmo espaço que nomes como Flávio Augusto, Joel Jota e Caio Carneiro me trouxe mais do que inspiração — me deu novos padrões mentais.

A maioria das pessoas pensa que, num grupo como esse, as conversas giram só em torno de negócios. Mas, na realidade, os assuntos mais profundos não têm nada a ver com dinheiro. São conversas sobre família, valores, fé, identidade, erros e recomeços. É nesse tipo de troca que nascem as conexões mais fortes — e as oportunidades mais reais.

Networking não é só trocar cartões. É estar num ambiente onde você pode ser quem você é, sem precisar provar nada pra ninguém.

Em 2024, tomei uma decisão ousada — talvez até parecesse loucura para alguns: comprei um carro só para gravar um podcast com o Joel Jota. Mas pra mim, não era só sobre o carro. Era sobre o movimento. Era sobre mostrar presença. Era sobre posicionamento estratégico. Eu sabia que, naquela gravação, algo maior aconteceria. E aconteceu. O impacto dessa ação reverberou. Gerou visibilidade, autoridade e me levou à virada de chave do GranClub.

O GranClub nasceu da minha inquietação e da minha experiência prática com grupos de networking. **Eu queria criar um ambiente onde as pessoas realmente entendessem o propósito do networking.** Onde não bastava pagar uma mensalidade ou aparecer em eventos: era preciso participar com intenção, com entrega, com visão de longo prazo.

O GranClub deixou de ser um grupo — tornando-se um movimento. Criado com critérios claros, posicionamento *high ticket* e uma curadoria cuidadosa, ele rapidamente virou referência para quem buscava crescer junto com pessoas comprometidas.

O que fez o GranClub dar certo foi simples, mas profundo:

- **Cultura de contribuição:** todo mundo ajuda, sem esperar algo imediato em troca. Implementei essa filosofia desde o início, inspirado nas conexões que me fizeram crescer no banco e no empreendedorismo.

- **Ambiente de verdade:** sem personagem. As pessoas compartilham o que sentem e vivem. Minha credibilidade vem justamente dessa autenticidade que mantenho desde quando cumprimentava da faxineira ao presidente no banco.

- **Conexões de alto nível com mentalidade elevada:** porque não basta apenas ter dinheiro, tem que ter visão. Construí minha reputação mantendo relacionamentos genuínos que sobreviveram à demissão e formaram a base do meu negócio próprio.

- **Liderança presente:** eu faço parte, me envolvo, conheço cada nome — isso faz diferença. Assim como era o primeiro a chegar e o último a sair no banco, mantenho essa mesma dedicação no GranClub, sem nunca desistir mesmo nos momentos desafiadores.

- **Minha credibilidade pessoal:** minha trajetória de superação e transformação — do estagiário ao empreendedor bem-sucedido — fornece o exemplo vivo do que é possível através de conexões estratégicas e autênticas.

- **Constância inabalável:** nunca desisti quando as coisas ficaram difíceis. Da demissão durante a crise de 2008 à decisão de vender minha empresa rentável para buscar mais significado, demonstro na prática a perseverança que inspira os membros.

Muitas vezes, você acha que as conexões que fará estarão mais focadas em negócios, quando, na verdade, as pessoas querem falar sobre assuntos pessoais. O networking é sobre estar em um ambiente seguro onde você pode ser quem você é e falar o que você pensa, sem julgamentos.

Quando você começa a se destacar e a atingir um patamar financeiro mais elevado, as pessoas tendem a perguntar o que você está fazendo para ter mais condições financeiras. No entanto, quando você está em um ambiente onde todos estão ganhando, o foco passa a ser em como você está, não em como estão as suas finanças. Essa diferenciação te ajuda a classificar quem se importa genuinamente e quem tem interesse apenas nos seus negócios.

Hoje, 90% dos meus clientes vêm por indicação, porque consegui transformar meus clientes em fãs. A venda é fruto das relações.

**A motivação é o combustível.
A estratégia é o mapa.**

Minhas próximas metas já estão em movimento. Quero subir nos palcos do Brasil inteiro, levando a mensagem do networking com alma — aquele que transforma pessoas antes de transformar negócios. Quero ser convidado não só para ensinar, mas para inspirar. Quero mostrar que não é sobre o que você faz, mas sobre quem você se torna ao longo do caminho.

Quero criar um evento anual — e você vai estar lá — em que todos os meus mentorados, os membros do GranClub, do Grupo N e todos aqueles que acreditam nesse movimento estarão reunidos. Vai ser mais que um evento. Vai ser um reencontro de propósitos.

Sim, o GranClub é um case. Um movimento. Mas ele é só o começo. O Grupo N está crescendo e minha missão é expandi-lo ainda mais. Torná-lo referência nacional. Criar uma cultura na qual a colaboração seja o novo normal. Em que um ajuda o outro, e todos crescem juntos.

E tem mais. Eu tinha um sonho ousado que virou meta: queria me tornar sócio não apenas do Joel Jota, mas também de outros grandes nomes que admirava. Porque sabia que juntos poderíamos multiplicar o impacto. Porque conexão verdadeira também é sobre somar legados.

E hoje, escrevendo este livro em 17 de abril de 2025, tenho a satisfação de divulgar que o GranClub agora faz parte da *Mentoring League Society* (MLS), da qual me tornei sócio ao lado de Flávio Augusto, Joel Jota e Caio Carneiro.

Essa parceria não aconteceu por acaso. Foi o resultado de apenas um ano de trabalho intenso, guiado por **intencionalidade clara, estratégia bem definida, persistência inabalável e constância nos meus propósitos.** O networking que comecei ainda como estagiário de banco, cumprimentando a todos e sendo o primeiro a chegar e o último a sair, evoluiu para conexões estratégicas que agora me colocaram lado a lado com alguns dos maiores mentores do país.

Essa é a prova viva do poder das conexões autênticas e da importância de nunca desistir dos sonhos, por mais ousados que pareçam. O que antes era apenas uma meta ambiciosa em meu quadro de visualização, hoje é realidade — demonstrando que quando unimos credibilidade, constância e conexões verdadeiras, os resultados superam todas as expectativas.

Mas não para por aí.

Uma das minhas maiores dores sempre foi olhar para o sistema educacional e ver o quanto ele falha em preparar os jovens para o mundo real. Por isso, estou tirando do papel um projeto social que leva empreendedorismo, visão de futuro e consciência de networking para dentro das escolas públicas. Quero que jovens aprendam cedo que existe outro caminho. Que eles podem ser protagonistas da própria história. **Que não importa de onde você vem — importa para onde você está indo.**

E se você, leitor, quiser fazer parte disso, me procure. Se você acredita no poder da educação e deseja transformar vidas, vamos conversar. Porque esse projeto é sobre todos nós. Sobre criar uma nova geração que saiba se conectar com valores, com visão e com verdade.

Talvez, daqui a alguns anos, eu olhe para trás e veja que a faísca que acendeu a revolução em alguém começou com este livro. Com esta conversa entre eu e você.

Porque sim, isso aqui é uma conversa. Intencional, como tudo no networking. E se você entendeu isso, então você já deu o primeiro passo.

Agora, eu te convido para os próximos passos.

Quero te ver comigo nos eventos. Quero receber sua mensagem dizendo que criou seu próprio grupo. Quero ouvir que você ajudou alguém a conquistar um sonho. Quero saber se você começou a se mover com propósito. Porque a sua vitória também é a minha.

Não importa o seu ponto de partida. Importa o seu posicionamento. E o seu movimento.

Você pode escolher ser apenas mais um leitor.

Ou pode decidir fazer parte do meu círculo.

Não um círculo fechado — mas um que gira. Que se move. Que abre espaço para quem tem coragem de ser real.

O mundo precisa de mais gente disposta a se conectar de verdade. Gente que sirva, que pague, que contribua. Gente que entenda que a maior riqueza está nas relações.

Se você for essa pessoa, bem-vindo ao meu time.

E lembre-se: quando você serve e paga, você não só entra em salas — você constrói as suas.

Gente pequena tem medo de palco, gente grande constrói seu próprio evento.

A jornada só está começando. Vamos juntos.

A vida é como uma grande estação de trem. Ao longo do caminho, algumas pessoas sobem com você, outras descem. Algumas você encontra de novo em outras paradas, outras nunca mais verá. Mas, em cada vagão, existe uma oportunidade de conexão. Uma chance de aprender, ensinar ou simplesmente caminhar junto. Que você siga embarcando com intenção — e saiba reconhecer os passageiros certos para compartilhar a jornada.

Nos vemos no próximo destino.

O PAI DO NETWORKING
Daniel Gramigna

O PAI DO
NETWORKING

"POR TRÁS DE CADA CONQUISTA FINANCEIRA, EXISTE UMA CONVERSA, UMA TROCA, UM ENCONTRO. NETWORKING É O PRINCÍPIO SILENCIOSO DO DINHEIRO."

– O PAI DO NETWORKING